登月巨星

阿姆斯壯

陳景聰　著

三民書局

打開每個人心中的「想像盒」

七十多年前，法國著名作家「安東尼‧聖修伯里」寫過一本廣受歡迎並流傳至今的童話──《小王子》。書中那個好奇又好問的小男孩來自外星球，他純淨的心靈和真摯的感情，一直陪伴著我們地球上一代又一代人的成長。

作家聖修伯里曾經為小王子畫過一個可以讓綿羊居住的盒子。而作家自己也擁有一個珍寶盒，裡面收藏著老照片、舊信件和許多小玩意兒，他常常去翻弄這個盒子，想從中尋找創作的泉源。

三民書局的出版團隊也有這麼一個盛滿「想像」的大盒子，裡面匯集了編輯們經年累月的經驗、心得，以及來自作者、插畫家等的好主意和新點子。多年來，這個團隊不斷為小讀者們出版優秀的人物傳記、勵志叢書等。董事長劉振強先生認為這是出版人的使命，一個好傳統一定要延續下去，讓小讀者永遠有好書可讀，而且每一套書都要精益求精，各具特色。

因此，當我們開始構思下一套新書的方向，如何能夠既延續傳統，又能注入不同的角度和活力，呈現出一番新的面貌，便成為我們的首要考量。

編輯團隊圍坐在一起，慎重的打開我們的「想像盒」，希望從盒裡累積的智慧中汲取靈感。盒內的珍寶攤滿了桌面，眼前立即出現許多引導性的話語，大家一面仔細挑選，一面漸漸理出一個脈絡。

「書寫近代人物，更貼近小讀者的心靈。」

「介紹西方人物，增強小讀者對全球人物的興趣。」

「撰寫某個行業或某個領域中最有代表性的人物，他們的成就

對後世有重大影響，對小讀者有正面啟發作用。」

「多用說故事的方式寫作，以增加趣味性。」

「想像盒」就這樣奇妙的為我們搭起了一個框架，編輯團隊在這個架構中找到了方向，大家興奮的為新叢書定名為「近代領航人物」系列，並決定先從介紹西方人物入手。

框架既已穩固，該添進內容了。如何選取符合條件的撰寫對象，是編輯團隊的再次挑戰。我們又打開了「想像盒」……

「叮」的一聲，盒內跳出一個 "THINK" 的牌子，大家眼前一亮，「那不是 IBM 公司創始人湯姆士‧華生的座右銘嗎？意思是要我們海闊天空的去想像，才能產生創意啊！」於是，話匣子打開了。

有人說：「我們每個人手裡都拿著手機，不需要長長的電話線連接，就能無遠弗屆的與人聯繫，但對有『無線電之父——馬可尼』之稱的這個聰明人，我們知道的並不多。」

有人說：「啊！有了，我們何不請最喜歡開飛機的聖修伯里帶大家到義大利去拜訪馬可尼呢？」

有人說：「馬可尼不是已經拍來電報，為我們安排好去巴黎看可可‧香奈兒的時裝展示會了嗎？還要去倫敦聽約翰‧藍儂的搖滾音樂演唱會哩！」

有人說：「我對時裝展示會沒有太大興趣，但是既然去了巴黎，我倒是很想去看看大文豪雨果筆下的聖母院，也許會碰見那個神祕的鐘樓怪人！」

有人說：「我希望去倫敦時，能走訪唐寧街十號，一睹英國第一位女首相，鐵娘子柴契爾夫人的丰采。」她輕輕咳嗽了一聲，接著說：「我的肺炎剛痊癒，是用了抗生素才治好的。聽說抗生素是英國

細菌學家弗萊明發現的，我也想順便彎去他在倫敦的實驗室參觀一下。」

有人附議：「那太好了，我可以在路邊書報攤買本英國大經濟學家凱因斯主編的《經濟期刊》來一讀。」

有人舉起手來，激動的說：「我原是個害羞沉默的人，自從去上了卡內基的人際關係課程後，才學到怎麼樣表達自己。我想說出我的心願，那就是去美國華盛頓的林肯紀念碑前，聆聽人權鬥士馬丁·路德·金恩博士精彩動人的演講〈我有一個夢想〉。再去附近的國會山莊，參加約翰·甘迺迪的就職典禮，聽他充滿領袖魅力的經典名言，『不要問國家能為你做些什麼，要問你能為國家做些什麼。』」

有人跟著說：「我是環保和人道主義的支持者。既然我們到了美國，我想去緬因州，到環保使者瑞秋·卡森收集海洋生物標本的海邊去走一走。也想去紐約的聯合國兒童基金會總部拜訪兒童親善大使奧黛麗·赫本。這兩位心靈和外表都美麗的女士，一直是我最崇敬的偶像。」

看到大家點頭同意，他急忙追加：「啊，如果還能去洋基球場觀看棒球巨星貝比·魯斯在球場啟用那天轟出的第一支全壘打，那我就太滿足了……」

編輯們彼此會心一笑，這是討論時常有的現象，抱著「想像盒」，天南地北，穿越時空。我們總嘗試以開放的思路，為「傳記」類型的叢書增添更多的新意。

這時一陣歡笑聲響起，原來是美國物理學家費曼為慶祝自己得到諾貝爾獎而開的派對。賓客中有許多知名之士，第一位登陸月球的太空人阿姆斯壯也在其中。聽說費曼正在調查挑戰者號太空梭故

障的原因，阿姆斯壯是他最好的太空顧問！費曼是位科學家，但他興趣廣泛，音樂、舞蹈樣樣精通。只見他隨著熱情洋溢的森巴舞曲，一面打著鼓，一面與現代舞創始人瑪莎・葛蘭姆翩然起舞。

「別鬧了！費曼先生。」門口走進一位胖嘟嘟，面無表情的老頭，把大家嚇了一大跳！只見他拿起手上的擴音器說了一聲「卡」，啊啊，難道他就是那位驚悚片大導演希區考克？

他嚴肅的接著說:「受世人景仰的南非自由鬥士曼德拉先生剛剛辭世。請大家起立致敬。」

我們這趟「穿越之旅」中的二十位人物即將登場，希望他們的領航故事也能開啟小讀者心中的「想像盒」，將來或可成為另一個新領域中的領航人，傳承發揚人類的智慧和文明。

在此特別感謝為小讀者說故事的作者們，除了正文之外，他們都特別增寫了一篇數百字的「後記」，提綱挈領的道出各撰寫人物對世界的影響，提供小讀者更明確的閱讀指標。同樣也感謝繪製精彩畫面的插畫家們，為使圖文搭配相得益彰，不惜數易其稿。對編輯團隊能讓叢書順利的如期出版，我心存感激。對充滿使命感、長期為小讀者做出貢獻的三民書局，我致上最高的敬意。

對您，選擇讀這套叢書，我誠懇的說聲「謝謝」。有您的支持，讓我們有信心為小讀者打造更多優良讀物。

簡宛　2013 年歲末寫於臺北

　　大多數的人都曾經有過夢想，但只有少數人會邁出堅定的步伐，勇敢的朝自己編織的夢想前進。因為，很多人都以為自己的夢想太不切實際，或者遙不可及，真要付諸實行，簡直是在痴人說夢。

　　然而，卻有一個人從小就懷抱登上月球的夢想，還一步步的築夢踏實。當時的飛機既飛不高，也飛不遠，他卻已經按部就班的建構飛行的夢想，期望有朝一日能登上三十八萬公里之外的月球，甚至飛向更遙遠的星際。三十幾年之後，這個人成為第一位踏上月球的人類。他，就是阿姆斯壯。

　　其實，阿姆斯壯並非頭一個嘗試登上月球的人類。

　　幾百年前，中國宋朝已經有了火藥，並且利用火藥製造火箭來打仗。當時有一位富商夢想著飛上月亮去探望嫦娥，在一個月圓之夜，他命令僕人搬一張大椅子到庭院，將火箭綁在椅子的四隻腳上。等月亮升到頭頂，富商一聲令下，四個僕人同時點火，座椅瞬間騰空而起。隨著爆炸聲響，這位異想天開的富商也追隨自己的夢想，化成了灰燼。

　　可見，一個人會因夢想而成功，也可能因夢想而失敗。我們要勇敢築夢，更要審時度勢，仔細評估風險，避免落入失敗的陷阱。

　　阿姆斯壯的確是築夢踏實的成功典範。當初三民書局邀請我參與近代名人故事的撰寫，我毫不猶豫便選定阿姆斯壯。因為我小學時期曾讀過一篇〈太空英雄〉的課文，文中描述阿姆斯壯、艾德林和柯林斯代表人類首次登陸月球的光榮事跡，至今記憶猶新。

　　等我開始著手搜集阿姆斯壯的生平資料，這才發現臺灣非但沒出版過阿姆斯壯的傳記，就連介紹他的報章雜誌也難以尋覓。難不成，這一位曾經聞名全球的太空英雄，後來竟被臺灣人遺忘了？

阿姆斯壯曾在美國出版過一本傳記 *First Man*（暫譯：《第一人：尼爾·阿姆斯壯的生活》），可惜臺灣並沒有翻譯的版本。我經過多方搜羅，將網路上關於阿姆斯壯的生平事跡，與報章上的報導仔細比對之後，選擇比較具有代表性的經歷來撰寫。

為了使阿姆斯壯的故事更加明朗動人，提高小讀者的閱讀興趣，筆者特意將部分關於飛行訓練和太空航行的專業名詞加以簡化，以避免造成閱讀上的隔閡。此外，為了使阿姆斯壯畢生的經歷更為生動吸引人，筆者還依據阿姆斯壯比較重要的經歷，揣摩當時的情境氛圍與人際互動，適度加入對話與情節，使故事變得流暢完整。

阿姆斯壯於 2012 年辭世之後，留給後人最深刻的印象，當然是他踏上月球的第一步。但他最受世人景仰的事跡，卻是功成不居，將一切榮耀歸還給世人的人格典範。

試想，世上如果沒有阿姆斯壯，還是會有其他太空人率先登陸月球，踩下那名垂青史的第一步。只是，他們恐怕不會像阿姆斯壯這般淡泊名利，令人懷念吧？

陳景聰

1966 年生於南投，臺東大學兒童文學研究所畢業，現任臺中市大里國小教師。從小就愛聽老師說故事，後來當了老師，立志做一個愛搜集故事、說故事、寫故事的人，天天笑臉看兒童。

作品曾獲臺灣省兒童文學獎、文建會兒童文學獎、文建會兒歌一百優選、2002 年中國大陸冰心兒童文學新作獎等獎項。

著作有《玉山的召喚》、《草廬中的智謀家：諸葛亮》等三十餘冊。

登月巨星

阿姆斯壯

CONTENT

阿姆斯壯

1930～2012

Neil Armstrong

01

阿波羅 11 號

　　轉眼間，眾所熟知的登月第一人——尼爾·阿姆斯壯，逝世已滿十周年了。月初，科學家首度發現月球上的新物種，顯示月球上可能有生命體存在。素來以報導天文知識聞名的「宇宙·光雜誌社」，想搭上這個熱門話題，製作阿姆斯壯特別報導，向大眾好好介紹這位登月英雄不平凡的人生與貢獻。

　　編輯長智豪看了一眼時鐘，現在是早上九點半。眼光又飄向桌上那滿滿一疊，從各方搜集來有關阿姆斯壯的資料。「要從何下筆，才能將阿姆斯壯『完美呈現』呢？嗯……跟著阿姆斯壯的回憶走一趟，慢慢的、慢慢的，答案就會浮現在腦中了吧。」智豪隨手拿起一份資料閱讀，啜了一

口咖啡，打算和阿姆斯壯一點一滴，一同探索這場追夢人生。

●　☆　●　☆　●　☆　●

1968 年，美國國家航空暨太空總署 (NASA) 的阿波羅 8 號太空船成功環繞月球之後，又將派出阿波羅 11 號太空船進行人類首次登陸月球的任務。12 月 23 日，飛行任務成員辦公室主任迪克・斯雷頓，安排阿波羅 8 號的替補指令長尼爾・阿姆斯壯擔任阿波羅 11 號的指令長，並由艾德溫・艾德林、麥可・柯林斯分別擔任登月艙駕駛員和指令艙駕駛員。

他們的計畫是：使用當時世界推力最強大的神農 5 號火箭，火箭全長約 110 公尺，由下而上分為三節，最下面的第一、二節火箭先把阿波羅 11 號推向太空，送進環繞地球軌道；接著第三節火箭發動，脫離地球引力，把太空船送入飛向月球的軌道。

阿波羅 11 號的最前端是指令艙「哥倫比亞」

號，為太空船的控制中心及太空人的生活空間。
接著是服務艙，裝設火箭引擎主機，是太空船的
行進動力。再來是裝有火箭發動機的登月艙「老
鷹號」，可脫離太空船，載兩位太空人登陸月球，
進行各項任務。當任務結束，發動登月艙返回繞
月軌道與指令艙會合，再回到地球降落在海洋上。

　　1969 年 7 月 16 日，超過一百萬的人群把發
射現場擠得水洩不通，全世界觀看發射現場直播
的觀眾人數，更高達六億人，創下有史以來的紀
錄。神農 5 號火箭於格林威治標準時間 13:32 在
甘迺迪太空中心成功發射，當電視和收音機傳出
發射成功的喜訊時，全世界都同聲歡呼。

　　　　●　☆　●　☆　●　☆　●

　　「這回是人類頭一遭登陸月球，是多麼令人
期待的冒險之旅呀！月球是最接近地球的星體，
我們一到晚上，除非是在新月期間，或是月球被
地球的雲雨遮蔽，要不然啊，我們一抬頭就能瞧
見月亮，這讓我們對月球感到格外親切，更充滿

了好奇。」智豪笑了笑，一面在筆記本上記下這些文字，並在旁邊畫上一群人擠爆火箭發射現場的小插圖。

● ○ ● ☆ ● ☆ ●

神農 5 號成功發射後，第一節、第二節火箭陸續脫落，十二分鐘後，阿波羅 11 號順利進入環繞地球軌道，在這期間，工作人員必須先全面檢查太空船，確認各項環節無誤，才可以繼續前進。約莫二個多小時，第三節火箭點火，帶著太空船轉移至飛向月球的軌道——奔月之旅啟程了！

三位太空人忙碌著，進行各項前置工作。他們將指令艙、服務艙從火箭分離，重新轉變方向與登月艙對接後，第三節火箭的任務至此已經完成，與太空船分開，遠離軌道。連著幾天，阿波羅 11 號藉著月球引力，在軌道上緩緩的自轉飛行，均勻承受太陽的熱量，以免使太空船因過冷或過熱而變形，中途還修正了航向。歷經漫長的飛行，太空船終於在 7 月 19 日抵達月球背面，立

即發動主火箭，進入環繞月球軌道。

7月20日，登月艙「老鷹號」從指令艙「哥倫比亞號」分離。

阿姆斯壯與艾德林在登月艙就定位，準備展開人類史上頭一遭的登月壯舉。而柯林斯的任務是獨自駕駛指令艙，繼續環繞月球軌道飛行。在接下來的過程中，一旦老鷹號發生意外或危險，隨時營救；但如果有任何閃失，最後只有柯林斯一人能返回地球。柯林斯在哥倫比亞號上，非常仔細的檢查老鷹號：

「檢查完畢，老鷹號一切正常。緊接著的二十四小時，我會和監測控制中心、老鷹號保持通訊，祈禱你們登月過程一切順利，保重！」待在指令艙的柯林斯向登月艙的二位太空人報告，並傳達祝福。

「感謝你的祝福！雖然前途凶險難料，但我們會勇敢面對。」艾德林回應。

「等我們，我們一定會排除任何困難，順利

完成任務，和你一同光榮返回地球。」阿姆斯壯回答。

　　柯林斯朝兩位同伴稍作手勢，表達簡單的告別，隨後便駕駛指令艙離開了。

　　「接下來的旅程和任務，我們兩人雖然已經演練過許多次，但那都只是在模擬的狀況下進行。現在我們即將面對的是實際的月球環境，是一處人類從未接觸過的領域，若是與科學家們設想的月球狀況有所出入，我們便會遭遇無法預料的凶險。」阿姆斯壯向艾德林說。

　　艾德林對阿姆斯壯笑一笑，說：

　　「對啊！萬一有任何環節出了差錯，接下來的這一趟旅程，極可能就是我們人生的終點。」

　　在等待登月的時刻，他們只能一遍又一遍的在腦海中演練早已駕輕就熟的登月程序。

　　剩下來的，就只有祈禱了。

要跳上月亮！

比起登上月球，令智豪更好奇的是，世界上各行各業都有，阿姆斯壯為什麼會想成為一名太空人呢？畢竟，「太空人」可不是一般人會想到要做的職業。事出必有因，他決定先暫時擱下登月的資料，探究阿姆斯壯的童年歲月。

● ☆ ● ☆ ● ☆ ●

1930 年 8 月 5 日，阿姆斯壯出生在美國中西部的俄亥俄州，他的家鄉瓦帕科內塔是一座人口只有幾千人的小鎮。他的父親史蒂芬・阿姆斯壯是俄亥俄州政府的公務員，擔任審計員的工作。阿姆斯壯是家中三個孩子當中的長子。

當阿姆斯壯兩歲的時候，他的爸媽帶他去觀賞一場飛行表演。

　　寬闊的天空如同一張藍色的畫布。表演的飛機一邊飛，一邊施放各種顏色鮮豔的煙霧，就好像神奇的彩筆在蔚藍的天空中作畫。阿姆斯壯仰著頭，望著色彩鮮豔的小飛機呼……呼……的掠過頭頂，隨即在湛藍的天空留下一條長長的彩色煙霧。這一幕奇特的景象，從此深深烙印在他的記憶之中，成為幼年抹滅不了的印象。

　　當時距萊特兄弟首度公開試飛世界第一架飛機，還不到三十年的時間。飛機發明以後的前十年，多半被充當娛樂的工具，主要運用在競賽和表演方面。但是，自從 1914 年爆發第一次世界大戰＊，這種「會飛的機器」逐漸被派上戰場，參戰的各國投入大量的人力、物力研發，使得飛機發展迅速，性能愈來愈優越，成為重要的運輸及交通工具。

＊第一次世界大戰：1914 年爆發，原起於歐洲，後成為德、奧、土、保同盟國，與英、法、俄、美等協約國對抗的世界性戰爭。1918 年同盟國戰敗，始告結束。

1927 年，美國人林白駕駛單引擎飛機「聖路易精神號」，成功從紐約飛到巴黎，成為不著陸飛越大西洋的第一人，被極富代表性與影響力的《時代雜誌》列入 20 世紀具有影響力的飛行員之一。

隨著航空新科技崛起，促使世界上每一個強國都積極投入航空器具的研究和改良。飛機種類不斷推陳出新，這時候，駕駛飛機的飛行員往往成為眾人心目中的英雄。而能親眼目睹飛機在天空飛來飛去，表演各種轉彎、翻滾、爬升、俯衝

等高難度動作，也稱得上是一種難能可貴的視覺饗宴。

阿姆斯壯一天天長大，成為一個滿腦子都是夢想的孩子。六歲時，他隨著父親搭乘一架小飛機，初次體驗在天空中飛行的滋味，從此深深愛上那種騰雲駕霧的感覺。他開始夢想著有朝一日自己也能操縱一架飛機，直上雲霄，盡情享受在遼闊的天際翱翔的樂趣。

童年的阿姆斯壯不斷在睡夢中夢到自己飄浮在半空中，醒來時，總是依依不捨的回味著那種騰空而起的感覺。

白天，他喜歡仰望天空中的浮雲，羨慕它能夠在高空中自由自在的來來去去；夜晚，他更喜歡觀察天空中的繁星和月亮，並在腦中幻想著各種星球的樣貌。

有一天傍晚，阿姆斯壯在院子裡不斷的跳上跳下。他的媽媽正在廚房忙著準備晚餐，聽到他在庭院跳躍的聲響，伸長脖子朝窗外大聲問：

「尼爾，你在做什麼呢？」

阿姆斯壯聽到媽媽在問話，便天真的拉大嗓門回答：

「月亮好圓好漂亮，我想要跳到月亮上面去。」

媽媽聽到了這樣天真的童言童語，不禁會心的笑了笑。

晚餐做好了，阿姆斯壯還在院子裡蹦蹦跳，於是媽媽便開門探出頭來，朝他喊：

「香噴噴的晚餐上桌囉，快進屋裡享用吧！」

阿姆斯壯停下動作，指著天際那一輪明月回答：「媽媽等一等，我要先跳到月亮上面去！」

聽到孩子這樣說，媽媽不由得想起那些人飛上月亮的神話和童話，便笑著回答：「那真是太棒了，不過跳到月亮上面去以後，要記得回來吃晚飯喔！」

面對兒子單純幼稚的想法，阿姆斯壯的媽媽並沒有用言語去糾正他，或是斥責他，只是站在

欣賞的角度面對兒子的成長。

　　然而，她作夢也想不到，就在三十幾年之後，人類居然真的能登上月球了，而且第一個踏上去、留下腳印的人，就是她眼前那個妄想跳上月亮的小男孩。

　　阿姆斯壯的父母知道他們年幼的長子迷戀著天空，懷抱著探索天際的夢想，但他們從不斥責或勸阻孩子這種超乎常人的誇大夢想。

　　因為這樣，阿姆斯壯童年的天空充斥著數也數不清的幻想，就跟夜空中的繁星一樣，經常在他的睡夢中閃閃發亮。

03

追夢者

　　現在，夜空中的繁星不再只是夢境，星星就在艙外的宇宙，少了大氣的干擾，顯得格外明亮，好像打開艙口，伸手就能將星星撈進懷中，阿姆斯壯的內心激動不已。

　　阿姆斯壯和艾德林啟動老鷹號的下降裝置，開始朝月球表面降落。他們很快就發現，老鷹號在下降過程中多飛了四秒，飛過了預定的著陸區，計算機運算超過負荷的警報聲開始響起。

　　導航計算機出現了好幾次異常的程序警報。老鷹號的登月點，將會偏離預計的降落點西邊數公里之遠。

　　休士頓的詹森太空中心，飛行控制指揮官史蒂夫·貝爾斯剎那間面臨一個關鍵的抉擇——飛

行器上的燃料只夠進行一次降落嘗試，登月艙內的兩名太空人要嘛必須立即返航，終止登月計畫；或者命令太空人按照已經排練好的計畫行動，不要理會登月艙計算機的警報聲響。

「繼續按照原先的計畫行動！」貝爾斯憑著直覺下令：「安全降落就好！」

阿姆斯壯一得到命令，再次朝窗外探視，發現登月艙已經飛到一塊岩石和一片硬地之間，並不是很理想的降落點。但再不趕快降落，燃料就要消耗殆盡了！

在休士頓飛行控制中心裡，無數工作人員的心都緊張得怦怦跳，遭遇難題的阿姆斯壯卻表現得十分冷靜。他只想著：「登上月球，是我畢生的夢想，我花了這麼多的時間和心力，終於來到這裡。登月艙正在下降，我必須在燃料耗盡之前降落！我不能停在這裡，不能放棄！」

●　☆　●　☆　●　☆　●

智豪搔搔頭、伸了伸懶腰，再看看時鐘，已

經是下午三點多啦。他繼續在筆記本上塗塗改改：「很顯然的，我們可以說，阿姆斯壯是個『追夢者』——他是和遨遊天際的

夢想一起長大的。夢想有多廣，阿姆斯壯追夢的勇氣就有多大。他沉穩、機智、正直，在他身上看到追尋真理、夢想的堅持與勇氣，他晝夜都渴望遨遊天際，他知道自己屬於天空，陽光灑進他的眼眸，月光點亮他的心眼，他把星星收藏在生命之窗，日日夜夜耀眼閃爍。」

● ☆ ● ☆ ● ☆ ●

阿姆斯壯在十四歲以前，因為父親職務屢屢調動的原因，得經常搬家，因此他曾經在俄亥俄州的十六個城市居住過。

有一回搬到新的住處，恰巧他們的新鄰居金德先生，跟阿姆斯壯擁有相同的喜好，都是十足的天文迷。金德先生為了滿足自己對月亮和星星

的好奇，特地花一大筆錢買了一架功能強大的望
遠鏡。在月明星稀或是星斗滿天的夜晚，阿姆斯
壯常常隨著金德先生爬上車庫的屋頂，用望遠鏡
觀賞月亮和星星。

　　宇宙中的一切，在在令少年阿姆斯壯著迷不
已！

　　只要人在戶外，阿姆斯壯便經常仰望浩瀚無
垠的天空；他懷抱天際的幻想，逐漸轉化成一股
熱切的渴望。這一種殷切的期盼愈來愈強烈，形
成追求夢想的動力，驅使他開始動腦筋想搜集模

型飛機，甚至想訂閱《空中旅行》雜誌，進一步研究飛機的構造和飛行的原理。

阿姆斯壯把自己想研究飛機的想法告訴爸爸、媽媽。

爸媽聽到阿姆斯壯的願望之後，並不覺得吃驚，也不認為那是一種好高騖遠的傻念頭。他們告訴這個滿腦子都是飛機的孩子：

「我們不反對你的打算，但是模型飛機和飛行雜誌都相當昂貴，你必須自己負擔那些費用才行。」

阿姆斯壯知道家裡並不是很富裕，況且爸媽還要撫養好幾個孩子，當然無法提供足夠的金錢來滿足他的喜好。於是他便鼓起勇氣，四處去爭取打工賺錢的機會。

「我需要賺錢。請問我可以在教會打工嗎？」

「有了錢，你打算做什麼呢？」慈祥的牧師看著害羞的阿姆斯壯。

「我要購買模型飛機，訂購飛行雜誌。」

　　牧師聽到阿姆斯壯這樣說，內心震撼了一下。在這個以農業為主的純樸小鎮裡，他極少碰到這麼「敢作敢為」的少年人。他很想鼓勵阿姆斯壯，便說：

　　「好吧！教會的墓地從今天起就由你來割草了。」

　　除了幫教會割草，阿姆斯壯還找到了在麵包店打工的機會。

　　為了滿足自己對飛行的好奇與喜好，阿姆斯壯在成長的過程中，憑著自己打工賺來的錢，購買了上百架模型飛機，和支付訂閱《空中旅行》雜誌的費用。

　　透過觀察模型飛機和閱讀飛行雜誌，阿姆斯壯漸漸了解飛機之所以能在空中飛行的原理。但這仍然無法滿足他對飛行知識的渴望。

　　後來，阿姆斯壯更進一步自己設計飛機模型，並在家裡的地下室建造了一座簡易的風洞*，用來實驗自己設計的飛機機翼是否符合飛行原理。

　　對於自己的孩子愈來愈沉迷於飛行的這件事，阿姆斯壯的父母始終很認真的看待，從來都不會將它視為孩子天真虛妄的浪漫遐想。因此只要能力所及，他們都會儘量支持阿姆斯壯。

　　1937 年爆發了第二次世界大戰﹡。美國於 1941 年加入戰局之後，大量製造各類型飛機，也培訓了更多飛行員投入戰爭。

　　這時，進入青少年時期的阿姆斯壯，已通過重重考驗，獲得了美國童子軍的最高榮譽。他雖然年紀不夠大，還沒有資格進入軍中服役，但他翱翔天際的夢想早就起飛了。

　　有一天，阿姆斯壯鼓起勇氣問父母：

　　「可不可以讓我去學開飛機？」

﹡**風洞**：一種實驗設備。在一個內建風扇的管道中，啟動可控制風速的人造氣流，觀察空氣在該物體周圍如何流動，藉以了解物體在空氣中的運動方式及力量。多應用於設計飛行器、導彈、交通工具、建築物等。

﹡**第二次世界大戰**：1937 年爆發，由中、美、英、蘇等同盟國對抗德、義、日軸心國的世界性戰爭。戰場包括歐、亞、非三洲，至 1945 年軸心國戰敗始告結束。

　　　　阿姆斯壯的父母望著他，內心暗暗吃驚：

　　　　「這孩子甚至還沒有達到法定許可駕駛汽車的年齡，竟然就想學開飛機！」

　　兩人看見阿姆斯壯一臉堅毅的神情，經過討論之後，決定要支持他。

　　「好吧！」

　　於是阿姆斯壯滿懷欣喜的接受飛行訓練，努力學習教練教他的各種操控飛機的要領和技巧。

　　阿姆斯壯終於實現在天際飛行的童年夢想了！對於飛行，阿姆斯壯追求的並不是刺激的感覺，而是對天空的嚮往。他期望著有一天能夠飛得更高，飛得更遠，飛得更快。

　　十六歲那一年，連汽車都不會開的阿姆斯壯如願考取飛行員的執照，達成了夢寐以求的願望。

夢在飛翔

　　如今，飛向天際對阿姆斯壯來說，已不再是遙不可及的夢想。更何況，他和艾德林二人，正在太空中的「月球」上降落呢！當然，他們必須合力完成降落任務，才能迎接「登上月球」這光榮的時刻。

　　此時此刻，登月艙「老鷹號」的降落雷達，仍不停的出現錯誤訊號，警報聲不斷響起。即使在登月前接受過大量的訓練，阿姆斯壯和艾德林面對繁複的代碼所代表的錯誤，仍是摸不著頭緒。

　　阿姆斯壯憑著豐富的飛行經驗，很有信心的認為儀器都還在正常運作，探測器也持續獲得資訊，任務一定可以繼續進行，還不到放棄的時候。

警報聲大作，通常只是一種干擾罷了。

然而令人憂心的是，由於登月艙計算機的運算超過負荷，一直出現錯誤訊號，這也可能意味著，他們將無法在規定時間內完成降落任務……

● ☆ ● ☆ ● ☆ ●

「唔，看來阿姆斯壯遇上了一個大難題了。話說回來，阿姆斯壯曾是美國史上最年輕的飛行軍官哪，在他的飛行生涯中，肯定也面臨不少危險和挑戰，當時他是如何保持冷靜，謹慎處理這些危機的呢？」智豪不停翻找桌上的資料，想知道阿姆斯壯在成為太空人之前，有沒有遇過類似的情形，希望可以和登月過程互相參照，增添報導的可信度……有了，就是這份資料！

● ☆ ● ☆ ● ☆ ●

阿姆斯壯在 1947 年從布魯梅高中畢業之後，得到美國海軍的獎學金，進入印第安那州的普渡大學就讀，學習航空工程。應獎學金制度的要求，阿姆斯壯在普渡大學就讀兩年之後，必須進入海

軍服役三年，接受二十個月的空中航行、海上航行與船艦降落訓練，正式成為美國海軍飛行員。

接著，阿姆斯壯被派往聖地牙哥海軍航空基地，在第七中隊服役，駕駛格魯曼黑豹戰鬥機。1951 年 1 月，他第一次在任務中成功降落著艦，從海軍少尉見習生晉升為正式的少尉官階，成為當時最年輕的飛行軍官。

1950 年韓戰＊爆發。1951 年 8 月底，阿姆斯壯所屬的美國航艦艾塞克斯號奉命加入韓戰的戰鬥行列。

「我們將對北韓元山西部的主要倉儲設備及運輸系統，進行武裝戰鬥與偵查。執行任務時，必須進行低空低速轟炸與掃射。」

作戰指揮官分派完任務，阿姆斯壯立刻駕駛戰鬥機飛向戰場。

地面的北韓軍隊密集的發射防空火炮，這是阿姆斯壯頭一次面對可怕的戰爭，他駕駛戰鬥機在猛烈的炮火之間穿梭，精準的執行戰鬥任務，

表現十分冷靜。

當阿姆斯壯聽到一聲巨響伴隨震動而來，他立刻知道大事不妙。「我的座機被炮火擊中了！我正努力穩住飛機，往安全的區域滑行。」

阿姆斯壯呼叫他的隊友。才說完，右機翼又撞上一根飛來的鋼條，導致飛機損毀。

「我的飛機受損太嚴重，失速*了。目前在浦項港上空，必須立刻跳傘逃生。」

阿姆斯壯原本打算跳傘到浦項港海面，等待美軍直升機搜救，可惜人算不如天算，降落傘被風吹到敵方所控制的陸地。就在千鈞一髮的危險關頭，他的隊友算準風向和降落傘的落點，冒險開吉普車前來搭救，幫助他逃過一劫。

阿姆斯壯死裡逃生之後，仍繼續執行了七十

*韓戰：1950年，中共支持北韓入侵南韓，聯合國出兵援助南韓所引發的戰爭。到1953年，雙方簽訂停戰協定，以北緯38度線為停戰線，戰爭才告結束。

*失速：指飛機飛行時，因人為操縱失當或其他原因，導致爬升力減弱，飛機突然下墜的情況。

八次戰鬥任務。他的勇氣與貢獻，使他在海軍服役期間，多次獲得金星獎章、韓戰服役勛章，以及接戰之星獎章。

1952 年 8 月 23 日，阿姆斯壯離開海軍第一線轉服預備役，期間回到普渡大學研讀航太工程，繼續完成學業。

1955 年畢業後，阿姆斯壯便投入海軍試飛員的工作。他對飛行的熱愛與專業，充分的展現在工作中。

「尼爾，你已經試飛過空中加油機和多款超音速實驗機種。」

飛行器研發部門的主管對阿姆斯壯說：

「接下來我們要進行一項非常危險的機對機近距離追尾實驗，你願不願意嘗試？」

聽取這一項實驗的簡報之後，阿姆斯壯自信滿滿的回答：

「我認為憑我的經驗，可以順利執行這次任務。雖然危險，但我願意嘗試！」

阿姆斯壯果然順利完成機對機近距離追尾實驗，使得他在飛行研究中心的資歷更加受到重視。不久，研發部門的主管再度找上他：

「接下來中心準備進行一種尖端研究飛機的飛行測試專案，必須駕駛飛機以約六千公里的時速掠過大氣層邊緣。這種飛機能以超音速飛行，並達到八十公里的高度。」

「那不就離太空很近了？」

阿姆斯壯腦中浮現童年飛向遙遠天際的夢想，內心滿是雄心壯志，堅決的說：

「請把這一項挑戰留給我，我一定能達成使命！」

阿姆斯壯憑著信心，順利通過這次考驗，這正是他未來擔任太空人所必須具備的經歷。

1958 年，阿姆斯壯還在海軍的飛行研究中心服預備役，他作夢也沒想到自己將來有機會飛向外太空。這一年，美國空軍擬定了「人類飛速飛向外太空」的計畫，並透過檔案資料，積極的從

全國年輕的飛行菁英當中搜羅人才。因為看中阿姆斯壯豐富的飛行經歷，便將他選為該計畫的成員。

1960 年阿姆斯壯到專門製造飛機的波音公司求職，獲選為公司的設計顧問團，便在 10 月 21 日退伍，離開海軍預備役。

離開飛行研究中心時，他試飛過的飛機機型，已經超過五十種，飛行時間長達二千四百五十小時，這些經歷都為他後來參與航太事業打下了深厚的基礎。

一年半之後，阿姆斯壯被美國空軍正式提報為太空機機組人員，接著更獲選參與帶給他畢生榮耀的偉大計畫——阿波羅計畫*。

---

*阿波羅計畫：美國在 1961 年至 1972 年間，所執行的載人太空任務計畫。計畫的主要目標，是完成載人安全往返月球與地球，及月球上的各項科學探測。

05

加入太空人行列

　　「阿姆斯壯從小就對太空充滿無限的憧憬，
經常夢想著自己有朝一日能駕駛先進的太空船，
航向浩瀚的外太空，探索宇宙未知的新領域。但
要成為一名太空人並不容易，除了本身的飛行經
驗要足夠；身體狀況要良好，冷靜的頭腦和敏銳
的感官也缺一不可，更重要的是──時勢造英
雄！阿姆斯壯在各方面，都具備了這些條件，才
得到踏上月球的機會。」不知不覺間，夜晚已經
降臨這個城市了。智豪的桌上、牆上，貼滿了各
式各樣的資料，筆記本上都是塗改、畫圖的痕跡。
隨即他扭了扭身子，看一下窗外：「喔，今天是滿
月啊……。不知道月球上，阿姆斯壯的腳印還在
不在呢？」

● ☆ ● ☆ ● ☆ ● ☆ ●

之所以說「時勢造英雄」，是因 1945 年，第二次世界大戰結束，各國分化成兩大陣營，分別是以美國為首的自由民主國家，和以蘇聯為首的共產集權國家。

由於美、蘇兩邊陣營不斷擴張軍事裝備，在武力方面展開競爭，導致全球長期陷入冷戰*，國際之間的關係再度呈現緊張的狀態。

第二次世界大戰時期，由於各個強國全力投入武器的研發，使得火箭推進技術趨向成熟。1957 年蘇聯成功發射第一顆地球人造衛星史波尼克 1 號，隔年美國艾森豪總統便不甘示弱的宣布成立 NASA，大張旗鼓的展開與蘇聯之間的太空競賽。

---

*冷戰：指 1945 年至 1990 年間，以美國為首的資本主義，和以蘇聯為首的社會主義，在政治、經濟、文化、社會、外交上的全面對抗。雙方皆擁有足以毀滅對方的核子武器，彼此雖有摩擦，但未全面開戰。最後發展成雙方在科技、軍備、外交等領域競爭角力的情勢。

太空技術是這場競賽的焦點。由於太空技術涉及尖端技術和國防科技，而且具有軍事上的應用潛力和鼓舞人心的作用，促使美國和蘇聯在開發人造衛星、載人太空船和人類登月等空間探索領域方面，展開了新一波的競爭。

1961 年 4 月 12 日，蘇聯發射火箭將太空船送入地球軌道，太空人尤里・加加林成為第一位進入太空的人類。

這次成就凸顯了蘇聯在太空競賽上的領先地位，也被蘇聯宣傳為共產主義*優於西方資本主義*的證明，更使美國舉國上下感受到落後的恐懼。

當時的美國總統甘迺迪向副總統詹森詢問，關於美國太空計畫的意見，以及美國追趕蘇聯的

*共產主義：一種社會主義。主張實施財產公有制與社會化分配；在政治方面，以階級革命消滅有產階級的統治者，達到無產階級專政。
*資本主義：一種經濟制度。主張以自由競爭為原則，由個人決策投資活動，將生產機構及投資利潤、資本財產集中於資本家個人。

可能性。

　　詹森認為美國只要急起直追，美方可以在這場太空競賽當中超越蘇聯。他很有信心的回答：

　　「蘇聯會超越我們，是因為我們既沒有盡最大的努力，也沒有達到讓美國保持領先的努力程度。」

　　詹森還向甘迺迪強調：

　　「未來登月的計畫不僅可行，也絕對可以使美國在太空競賽中獲得領先的地位。如果現在不開始進行，將來便會後悔。」

　　於是 1961 年 5 月 25 日，年輕的甘迺迪總統在國會上發表人類登月計畫的演講，並在參議院和眾議院的特別會議中宣布支持阿波羅計畫。他說：

　　「我相信，我們能夠齊聚一心，全力以赴達成這項目標──在 1970 年以前，人類將乘坐太空船登

陸月球，並且安全返回！沒有任何一個太空計畫，能夠超越它對全人類、對宇宙探索的重大影響，也沒有一個太空計畫，開發過程如此困難、花費如此昂貴……。」

緊接著，NASA 開始徵選第二批太空人。徵選太空人的消息一發布，也間接傳達了甘迺迪總統的企圖心。

雖然美國在太空競賽方面，比蘇聯晚了一步，NASA 裡有些工作人員對登月計畫也不太樂觀，但是阿姆斯壯評估之後，認為阿波羅計畫確實可行，而且對探索太空的前景愈來愈感到興奮，非常希望能有機會參與這一項新的挑戰。

只要成為太空人，就有機會踏上另一個星球。那將是多少人夢寐以求，卻窮盡畢生的心力也不敢奢望的一件事啊！

阿姆斯壯經過一番思考，對深愛的妻子珍妮特說出自己的打算：

「我想參加太空人的徵選，希望有機會登陸

月球。」

珍妮特看著丈夫，不知如何回答才好。當時太空人是全國矚目的菁英，一旦丈夫當上太空人，自己也感到很榮幸；然而以當時的科技來說，登陸月球是非常艱難又危險的挑戰，不但得耗費鉅額經費和人力，一旦發生絲毫差錯，自己將因此失去丈夫。

「以你的條件，當然可以勝任太空任務！可是，太空人執行任務之前，都要反覆接受冗長又嚴格的訓練。到時候，你豈不是要長期離開這個家！」珍妮特試探的問：「你捨得拋下我和孩子們嗎？」

阿姆斯壯面對妻子的柔情攻勢，感到萬分為難，只好感慨的說：

「這是千載難逢的機會，放棄實在太可惜！」

珍妮特很清楚丈夫的夢想是什麼，她決意不當丈夫的絆腳石，便強調：

「我和孩子當然希望身旁有你陪伴，但我們

同樣希望將來能以你為榮。我會支持你的決定！」

　　一邊是實現國家的偉大計畫，也是讓自己完成夢想的唯一機會；一邊是陪伴孩子們成長，經營美好的家庭生活。阿姆斯壯經過了長時間的思考，終於告訴自己：

　　「別再瞻前顧後了！你追求人生理想的機會豈會等待你？」

　　在太空總署開始選擇第二批太空人四到五個月之後，阿姆斯壯才遲遲送出申請表。

　　三個月後，NASA 飛行任務成員辦公室主任斯雷頓打了通電話給阿姆斯壯，問他有沒有興趣成為新的九名太空人之一。阿姆斯壯當然毫不猶豫答應了！

　　太空人人選公布後，早就卸下飛行軍官身分的阿姆斯壯，一如報紙預料的，被選為「第一位平民太空人」。當時其他的太空人，個個都是飛行經驗豐富的現役軍人哪！

執行太空任務

當阿姆斯壯獲選為太空人之後，便開始密集接受各項關於太空任務的訓練，準備參與太空任務。然而就在這個階段，他的家庭卻發生了一件不幸的事情。

● ☆ ● ☆ ● ☆ ●

「本來，阿姆斯壯和珍妮特共育有兩男一女。不幸的是，1962 年，他們兩歲的女兒卡倫死於腦癌。遭遇這場悲劇，對他來說是個沉重的打擊，甚至一度影響到他的工作。然而，阿姆斯壯很快又專心投入自己的工作中，他曾說過：『面臨悲傷時候，最好的辦法就是工作，盡他所能讓一切跟平時一樣，避免他做的有用的事受到干擾。』我想，這就是所謂『活在當下』吧，盡自身最大的

努力，讓生命的足跡更腳踏實地。」今天，他和阿姆斯壯一起回憶登月的片段、回溯追夢的初衷。「是的，莫忘初衷，保持追夢的勇氣，生命中雖然犧牲什麼，終究也將回報什麼。」智豪臨睡前，又在筆記本上補上這段文字。

　　經過一晚的沉澱，隔天一早，智豪匆匆來到辦公室，稍作一番整理後，繼續「追查」阿姆斯壯努力成為太空人的過程。這也是智豪最有興趣、最想報導的亮點。

●　☆　●　☆　●　☆　●

　　1965 年，阿姆斯壯參與了首次太空任務：在雙子星計畫中，由他擔任雙子星 5 號的候補指令飛行員，和埃里奧特・希一起執行，這次的任務長達八天，是一項創舉。任務中所有的一切對阿姆斯壯來說都很新鮮，令他期待下一場任務。

　　阿姆斯壯第二次出任務，是擔任雙子星 8 號的指令飛行員，這回和他搭檔的是大衛・斯科特。可惜，他這次的任務稱不上成功。

　　雙子星 8 號於 1966 年 3 月 16 日發射，計畫中，雙子星 8 號、阿金納對接艙要在預定時間，於預定軌道上進行機械連接，並進行美國太空史上第二次艙外活動「太空漫步」。他和同伴斯科特會環繞地球五十五周，任務將持續七十五小時。

　　當地時間上午 10:00，阿金納對接艙發射後，上午 11:41:02，泰坦 2 號火箭發射，將阿姆斯壯和同伴送入太空。在進入軌道的六個半小時之後，阿姆斯壯和斯科特完成了太空史上第一次軌道對接。

　　突然間，太空船上的其中一個推力器失靈，已對接的太空飛行器突然間旋轉起來。

　　「飛行器在旋轉，無法進行艙外活動。」阿姆斯壯警告斯科特。

　　「快想辦法停止旋轉！」

阿姆斯壯嘗試了幾種方法，都沒能停止旋轉，他立即向指令中心報告：

「飛行器意外的快速旋轉，我嘗試過軌道姿態控制與機動系統都沒效。」

「立刻讓雙子星 8 號與阿金納分離。」指令中心回答。

但這時飛行器的旋轉突然加快。

「旋轉達到每秒一周，再這樣下去，我們將無法順利返航。我要馬上關閉軌道姿態控制與機動系統，啟動返回控制系統。」阿姆斯壯馬上通報。

由於任務明確規定，返回控制系統一旦開啟，太空船就必須儘快返回大氣層。這次預定的任務只能延遲到下一次的太空計畫執行了。

雙子星 8 號返航之後，太空人辦公室中有些人認為阿姆斯壯犯了大錯，但指揮中心負責人克蘭茲認為，兩位太空人按照訓練步驟執行任務，應該是因為訓練過程有誤，使得他們出錯。

　　阿姆斯壯覺得很遺憾，認為自己當時不夠冷靜，也許只要再仔細想方設法，就可以讓飛行器停止旋轉而不必返航，任務也就不會有瑕疵了。

　　雙子星 8 號返回後兩天，阿姆斯壯接著執行他在雙子星計畫中的最後一次任務，擔任雙子星 11 號的替補指令飛行員。經過前兩次任務訓練後，他對太空飛行器的複雜系統已經相當熟悉。雙子星 11 號於 1966 年 9 月 12 日發射，阿姆斯壯擔任指令艙通訊員，與皮特・康拉德和理察・戈爾登執行了這次任務，圓滿完成多項目標。

　　1967 年 1 月 27 日，阿姆斯壯獲得 NASA 的青睞，正式被選為阿波羅計畫的成員之一。當天，他與戈爾登・庫勃、理察・戈爾登、吉姆・洛威爾和斯科特・卡彭特一道在華盛頓參加了《太空條約》的簽署儀式。

　　簽署《太空條約》的當晚，他們返回酒店，意外的在酒店的電話留言裡聽到了阿波羅 1 號在一次例

行測試中發生大火，以及三名太空人為任務犧牲的噩耗。

　　他們相當震驚，一整晚都在談論這次事故，哀悼那三位從此再也見不到面的同僚。

　　「我們身為太空人，每一次執行任務的危險程度，簡直能用『赴湯蹈火』來形容！」洛威爾嘆道。

　　「所以我們不是早就做好為國家犧牲的準備了嗎？也為那一天，預先安排好了身後事，連遺囑都準備好了！」其他人回應。

　　「萬一不幸真的發生了，我自己固然為國家『光榮犧牲』，可是我的妻子失去了丈夫，我的兩個兒子也失去了父親。這樣的遺憾，是再大的光榮、再多的金錢也無法彌補的啊！」

　　阿姆斯壯說完，很鄭重的強調：「我跟別人一樣，都只有一次的人生。但是我選擇用追求理想的方式，讓我的人生變得更不平凡。」

　　「對！讓我們一起完成阿波羅計畫！」其他

人慷慨的附和。

1967 年 4 月 5 日，阿波羅 1 號事故調查報告公布的當天，阿姆斯壯和其他十七名太空人，與 NASA 飛行任務成員辦公室主任斯雷頓開會。

「人類歷史上首次登月的太空人人選，將在這房間裡誕生。」斯雷頓首先宣布。

斯雷頓看見在場的太空人對這句話並沒有特別的反應，笑了笑，接著問：

「你們難道都沒感到驚喜嗎？」

阿姆斯壯替在場的太空人回答：

「因為這是意料中的喜訊啊。世界上只有我們執行過雙子星計畫，首次登月的人選，當然也只有我們能夠勝任。」

為了讓太空人能夠熟悉登月艙的操作，NASA 特地請一家飛行系統公司，將兩部登月試驗機改裝成登月訓練機，訓練機可以模擬月球表面相當於

地球 1/6 的重力，協助太空人適應操作登月艙。

1968 年 5 月 6 日，阿姆斯壯在模擬登月過程時，突然間，登月訓練機在離地面大約 30 公尺的高度失去控制。

「訓練機故障！即將墜毀，我要立刻逃生！」阿姆斯壯一面報告，一面按下彈射座椅跳傘按鈕。

降落之後，阿姆斯壯並未受重傷，只是在彈射時咬到了自己的舌頭。

工作團隊檢查過阿姆斯壯的狀況之後，對他說：

「幸好你毫不遲疑的按下按鈕！如果晚了半秒鐘逃生，你就會因為降落傘沒有足夠時間完全打開而喪命。」

雖然這次事故讓阿姆斯壯險些喪命，但出人意料的是，阿姆斯壯隨後便返回辦公室，繼續完成填寫報告等案頭工作。

有同事勸阿姆斯壯：

「你才剛經歷一場驚險的事件，應該先去慶祝一下，放鬆心情之後再回來工作。」

「的確，如果沒有及時脫身，我很可能已經丟了小命，我很慶幸自己還能繼續參與登月任務。回到辦公室執行未完成的工作，就是我慶祝的方式啊！」阿姆斯壯的回答，令同事對他的敬業態度佩服不已。

● ☆ ● ☆ ● ☆ ●

智豪拎著筆記本外出，在公園的長椅上簡單吃了個午餐。「阿姆斯壯成為太空人的過程，有過成功，也曾面臨失敗。不論如何，持續不懈的熱情和勇氣，是一個追夢者最基本，也最需要具備的特質。機會來到阿姆斯壯的面前，阿姆斯壯毫不畏懼各種可能遇到的危難，反而放手一搏，成就他畢生，以及全人類最偉大的夢想。」在昨天以前，眼前遼闊的天空對智豪來說，僅是一片湛

藍；今天他看出去的藍天，卻有著阿姆斯壯的影
子：只要下定決心追夢，再大的天空，甚至是廣
闊無垠的宇宙，也能擁進懷裡。

07
第一位踏上
月球的人類

　　1968 年底，斯雷頓宣布由阿姆斯壯擔任阿波羅 11 號的指令長——並宣布阿波羅 11 號太空船將執行首次登月任務。當執行人類首次登月行動的三名人選確定之後，各界開始關注另一個重大的問題：降落月球之後，誰將第一個邁出登月艙，成為第一位踏上月球的人類？

　　當時，登月小組的成員為了誰將第一個邁出登月艙的問題，特地召開會議。

　　艾德林表示：

　　「我認為我應該在先，因為雙子星計畫中的艙外活動都是由飛行員執行，指令飛行員留在太空飛行器內。畢竟指令飛行員在太空飛行器中有許多責任，若再增加艙外活動的訓練，恐怕會影

響其他工作的執行。」

　　阿姆斯壯接口：

　　「登月任務的艙外活動相當繁重，如果光靠飛行員一個人執行，必定會造成時間的延誤。」

　　阿姆斯壯停頓一下，又說出自己的顧慮：

　　「登月艙內的空間極為狹小，而且艙門是向內側右邊開，使得位於外側的登月艙駕駛員先出去非常困難。在模擬訓練時，艾德林模擬他率先離開登月艙，必須先爬過我的身上才能到達艙門，登月艙模型也因此受到損壞。」

　　斯雷頓經過一番思考之後決定：

　　「我們最初都忽略了艙門設計的問題。關於該讓哪一位率先離開登月艙，踏上月球，就等所有的準備工作和訓練都周全之後，再視任務需要來決定。」

　　直到 1969 年 4 月的一次新聞發布會，美國官方終於宣布第一個踏上月球，開創人類新紀元的

人選——阿姆斯壯。

● ✪ ● ✪ ● ✪ ●

「哈！對了，瞧我的記性，只記得探查阿姆斯壯的『身世』，都忘了月球上老鷹號的警報聲還在響呢⋯⋯我得趕緊把自己查到的記錄整理整理，才好繼續往下寫呀。」智豪拍了一下手，把座位移到堆滿資料的另一邊，開始進行他的「整理大業」。登月的紀錄片、照片、文字資料很多，畢竟這是地球上人類的大事件之一，智豪仔細過濾一番，便開始沙沙沙的在筆記本寫起字來。

● ✪ ● ✪ ● ✪ ●

老鷹號的警報聲不停在阿姆斯壯的耳邊響起。很快的，登月艙的自動駕駛系統把他們帶到一個巨大的環形山，大約有足球場那麼大，山坡陡峭，還布滿了如同汽車大小般的巨石。

阿姆斯壯冷靜的判斷後，發現那裡並不是理想的登月點。

他當機立斷的關閉自動駕駛系統，用手動控

制方式，迅速讓登月艙繞到一處遍地都是礫石和隕石坑的地方，看來這裡就是適合降落的地點了。

登月艙降落之前，艾德林看了看儀表板，提醒阿姆斯壯：

「我們只剩下十幾秒鐘的燃料了！」

「別擔心，我們一定能安全降落！」

其實，阿姆斯壯在訓練期間，有很多次在操作登月訓練機時，在燃料只剩不到十五秒的時間安全降落。他相信，就算登月艙在離地 15 公尺時用盡燃料，降落都不是個大問題。

降落過程雖然驚險萬分，登月艙終究在格林威治標準時間 7 月 20 日 20:17，穩穩的降落在月球上。阿姆斯壯就像在訓練時一樣，不放棄一分一秒，英勇的達成任務。

這時候，阿姆斯壯和艾德林看了看對方，發出會心的一笑。

地球上的休士頓飛行控制中心裡頭，一點聲

音也沒有，大家都屏住呼吸，安靜的等待他們回傳訊息。

在廣漠寂靜的月球表面，阿姆斯壯對指揮中心和收看實況轉播的地球人說的第一句話是：

「休士頓，這裡是寧靜海基地，老鷹著陸成功。」

那真是偉大的一刻！

指揮中心內不眠不休的科學家和工作人員，都高興得相擁而泣。NASA 三萬多名為阿波羅登月計畫努力不懈的員工也歡聲雷動。

登月成功，代表美國在這一場劃時代的太空競賽當中超越了蘇聯，重新取得世界的領導地位。

估計當時全世界，有好幾億人口也正瞪大雙眼，觀看整個登陸月球的實況轉播。當人類首次登月成功的那瞬間，全世界都歡騰起來！

登月艙安全降落之後，艾德林和阿姆斯壯兩人在艙內把手伸過儀表板，互相握手、拍肩，表示慶祝，便迅速展開登月後的任務步驟。在不知

道登月後會發生什麼狀況的前提下，兩名太空人必須在登月後立刻做好萬全準備，要是發生緊急情況，就必須迅速起飛。

● ☆ ● ☆ ● ☆ ●

「經過研究，導航計算機運算之所以超過負荷，是因為登月艙的對接雷達在降落時沒有關閉，以致於計算機仍然繼續監視著不在使用中的雷達。」

智豪寫到這兒，不由得一陣感慨：「幸好，貝爾斯憑著直覺，下令讓太空人繼續執行任務，要不然，阿姆斯壯和艾德林、柯林斯，又怎麼會有機會留名後代呢？所有發生的一切，再再都值得感恩！」

● ☆ ● ☆ ● ☆ ●

降落之後，就要開始準備「月球大冒險」了！

按原定計畫，兩位太空人在走出登月艙前，應該先休息以補足體力，但兩人都不覺得累，而且要做的事情很多，便決定將艙外活動提前。踏

上月球之前，艾德林和阿姆斯壯先透過老鷹號的舷窗觀察艙外的地表，確認放置科學實驗組件和美國國旗的位置，兩人忙碌的準備著。然而，由於穿著和攜帶的裝備非常費功夫，所消耗的時間超出計畫所預定的兩小時時間。

降落六個半小時後，一切準備妥當，登月艙完成減壓程序，艙門打開，比較靠近艙門的阿姆斯壯背著生命保障系統背包＊小心翼翼的走出艙門，從登月艙的九級扶梯爬下，緩慢的扶著梯子走下了登月艙。

因為胸前安裝的遙控設備阻礙了視線，阿姆斯壯根本看不到自己的腳步，過程中還必須拉動拉環，來開啟安置在老鷹號側壁上的摺疊設備和攝影機，以進行月球表面活動的全球直播。

＊生命保障系統背包：總稱供人類使用，使人能夠在太空環境中維持生命的設備。在一系列設備中，提供賴以存活的空氣、水及食物；適度維持合適的體溫與壓力、收集或處理代謝廢物；並可屏蔽來自外部的有害物質。

　　儘管遇到了許多技術上的難題，首次月表艙外活動模糊的單色畫面，仍順利的向全世界播送。當時，全球好幾億的人，都正在關注著這歷史性的一刻。

　　阿姆斯壯在邁出月球上的第一步之前，無數個念頭閃過腦海，他認為自己必須說點什麼，來紀念這有意義的瞬間。

　　「我馬上就要走下登月艙，執行任務了。」

　　阿姆斯壯說完，隨即轉身踏上月球表面。

　　在格林威治標準時間 7 月 21 日 2:56，阿姆斯壯的左腳踏上月球，留下了清晰的腳印。

　　在月球表面邁出第一步的同時，阿姆斯壯說出了舉世聞名的一句話：

　　「這是一個人的一小步，卻是人類的一大步。」

08

月球大冒險

「即使阿姆斯壯登月已經過了十年，我們仍勇於探索未知的世界、浩瀚無垠的宇宙，企圖解開宇宙中神秘、不為大眾所知的真相。月初，我們的科學家在月球上發現新的物種，這也許是繼阿姆斯壯之後的重大突破！不過，當年的月球是什麼模樣呢？又或者，他們……」智豪寫著寫著，叩叩叩，有人敲了敲門：「編輯長！這是你要的資料和咖啡！」

「是小玫嗎？快進來，資料放在桌上就好。」

小玫匆匆的進來，順口問道：「編輯長，阿姆斯壯的特輯進行得如何啦？」

「正寫到精彩處呢！在阿姆斯壯登月以前，月球，是人類從來沒去過的地方。現在，阿姆

斯壯和艾德林，要來一場大冒險囉。讓我看看妳拿來的資料，有什麼精彩的故事。」

● ☆ ● ☆ ● ☆ ●

「月球表面的灰塵非常的細，幾乎是粉末狀態。」

阿姆斯壯向指揮中心進行簡報之後，便開始拍攝阿波羅 11 號登月艙，接著他採集了月球土壤，裝入採樣袋中，摺好後塞進右側大腿上的儲物袋內。又從設備組合中取出電視攝影機，完成一次全景拍攝，再將攝影機安裝在距離登月艙 12 公尺遠的三腳架上。

過了十五分鐘，艾德林也踏上了月球，成為第二位踏上月球的人類。

艾德林踏上月球表面之後，兩名太空人開始測試在月球表面行動的方法。

由於月球的重力大約只有地球的 1/6，重力加速度變小，會使得太空人跳得更高，落地更慢。兩名太空人雖然穿著笨重的裝備，在月球表面活

動反而感覺體重變得很輕，有種輕飄飄的感覺。

「儘管笨重的生命保障系統背包，讓我們有些微向後仰的感覺，不過因為重量變輕，還是能夠保持平衡。」阿姆斯壯向指揮中心回報。

「我們測試了雙腳跳、跨步跑、墊步跑、側步跑等幾種在地球上常用的行進方式，測試結果，我們都覺得用跨步跑的方式在月面活動，最為方便。」艾德林向中心回報。

阿姆斯壯繼續報告：「跨步跑必須提前六、七步規劃移動方向，因為月球表面的土壤很滑、又細膩。」

艾德林也回報：「在月球上，當我從陽光走入陰影時，太空服內部溫度並無變化；但我覺得，頭盔在陽光下，要比在陰影中暖和。」

兩名太空人測試完如何在月球上行走之後，開始嘗試插上國旗。

● ☆ ● ☆ ● ☆ ●

「這張月球上美國國旗的照片，流傳了好幾十年。月球上沒有大氣層，是無風的環境，但國旗看起來好像有風吹過一般，讓有些人懷疑阿波羅 11 號登月的真實性。事實上，這面國旗的頂端裝了鐵絲，以便旗子能夠在無風的環境下展開。當時，鐵絲沒有被拉直，國旗之前也一直是被摺疊起來的，使得這面國旗在插上後，旗面似隨風飄蕩。」智豪查閱資料後，推論出合理的解釋。

● ☆ ● ☆ ● ☆ ●

關於是否應該在月球表面插上美國國旗，曾經在登月計畫中引發爭論。說實在的，阿波羅登

月計畫和地球上的國際競爭不同，並沒有包含擴張領土的強烈企圖，插上美國國旗的紀念性，應該大於競爭性。而且美國在登月成功之後，也明確宣稱放棄對月球任何部分的所有權。

插好國旗之後，美國總統尼克森的電話就來了。總統剛剛一直在白宮的橢圓形辦公室裡觀看阿波羅 11 號的現場直播。這一通電話被尼克森總統稱為「從白宮打出的最具歷史性的電話」。

尼克森總統與兩名太空人交談了有五分鐘之久，而這正是原本要給阿姆斯壯拍照的時間。

這一趟探索月球表面的艙外活動，由於生命保障系統背包內的資源有限，時間安排精確到以分鐘數來計算，時間一旦延誤，就只好捨棄其他任務，而且不會有機會補救。

這也解釋了，雖然阿姆斯壯和艾德林在月球上拍了不少照片，但艾德林只拍到五張有阿姆斯壯鏡頭照片的原因。

不過，阿姆斯壯很成功的拍到穿著太空裝備

的艾德林，甚至在艾德林的面罩上，還可清清楚楚的看到阿姆斯壯的影像。

兩名太空人在月球表面總共待了二個半小時。他們除了測試行動方式、插上國旗，還執行了很多有意義的任務。

他們在選定的位置架設了科學實驗組件，並拍攝了大量照片，供日後科學家研究月球環境。隨後從裝備中取出了鏟子和帶有爪子的探桿，開始進行採集月球岩石標本的工作，除了取得了較深的月球岩層標本，也採集到大約 22 公斤的月表岩石標本。

由於兩人都穿戴著笨重的太空服，使得採集岩石的過程變得礙手礙腳。

再加上受到月球重力的影響，和顧慮維護生命保障系統背包等裝備，他們只能小心翼翼的進行所有的採集動作，以致許多工作都超出了預定的時間。最終，兩名太空人不得不中途停止記錄標本的工作。

　　阿姆斯壯的最後一項任務，是把一面紀念牌放在月球表面上，緬懷為太空事業犧牲的人們，包括蘇聯太空人尤里・加加林、弗拉基米爾・科馬洛夫，以及阿波羅 1 號的三位太空人查菲、格里森和懷特。

　　他們也將另一面金屬牌留在月球表面，作為人類登陸月球的見證，上面刻著：

　　「1969 年 7 月，人類首次成功登陸月球，我們是為人類和平來此造訪。」

成為太空英雄

　　兩名太空人完成月球表面的任務之後，艾德林先爬上登月艙，和艙外的阿姆斯壯合力用「月面器材傳送帶」，將拍攝的膠卷和兩個裝有月表樣本的盒子運進登月艙。

　　阿姆斯壯隨後爬進艙內，為了使登月艙順利上升，返回繞月軌道與指令艙會合，兩名太空人先將維生系統轉換到登月艙上，接著，開始將太空衣上的生命保障系統背包、月面套鞋、相機和其他一些設備棄置在月球表面上，以減輕登月艙的重量。然後他們重新對登月艙加壓，兩名太空人終於可以好好休息了。

　　休息了約七個小時以後，指揮中心叫醒兩名太空人，指示他們準備進行回航程序。

在準備發動上升節火箭時，艾德林突然驚叫：

「糟糕！有一個斷路器開關斷掉了，引擎無法啟動！一定是我們穿著笨重的裝備在狹窄的艙內移動時，不小心碰斷了那個斷路器開關。」

阿姆斯壯發覺事態嚴重，回應說：

「我們得趕緊想辦法將它修復，否則老鷹號將只剩下一個引擎可以正常運作，就不能與哥倫比亞號會合了。」

阿姆斯壯馬上把他們面臨的危急狀況報告地球上的指揮中心。

「快把登月艙裡頭能用得上的東西都拿來試一試，看能不能代替斷掉的開關。」指揮中心立刻召集專家，一面討論，一面將討論出的解決方案告知登月艙。

阿姆斯壯和艾德林試過指揮中心提供的各種解決辦法，都沒有效果。

眼看兩人就要被困在月球上了！這時候，艾

德林突發奇想，把一枝舊原子筆頂端的銅芯拆掉，卡進開關中，按下按鈕。

「令人難以置信呀！我的原子筆讓登月艙順利點火，引擎啟動了。」

艾德林喜出望外，忍不住驚呼。氣氛凝重的指揮中心，因為這個喜訊，爆出了一片掌聲和歡呼。

● ☆ ● ☆ ● ☆ ●

「想不到一枝毫不起眼的原子筆，居然挽救了身處險境的太空人，也挽救了阿波羅 11 號的登月任務。後來，艾德林一直保留著這枝救了他們性命的神奇原子筆。」智豪寫著寫著，盯著自己手上的原子筆瞧了半天，小事物竟有大作用，是多麼驚人呀！

● ☆ ● ☆ ● ☆ ●

登月艙成功起飛，帶著兩位太空人進入月球軌道，順利與指令艙「哥倫比亞號」會合之後，登月艙被拋棄，留在繞月軌道上。據 NASA 的說

法，老鷹號的軌道會逐漸降低，最終將受月球引力影響，墜落在月球表面。

7月23日，降落地球的前一夜，NASA特地安排哥倫比亞號內的三名太空人，對地球進行了一次電視直播。

柯林斯說：

「把我們送入太空軌道的神農5號火箭，它複雜的程度是我們難以想像的。它每一個結構都很完美，我們始終對它抱持信心。要不是所有為這個計畫流血、流汗、流淚的人們，這一切都不會成為事實。雖然，大家在電視畫面上看到的只

有我們三人，但在幕後有成千上萬的人為計畫做出了貢獻，我想對他們說：『十分感謝。』」

艾德林說：

「這不僅僅只是三個人去月球完成一次任務；也不僅僅是一個政府和產業團隊的努力；更不僅僅是一個國家的努力。我們認為，這象徵了人類對未知世界探索的求知欲。就我個人而言，回想過去幾天，聖歌中的一節出現在我腦中：『我觀看祢指頭創造的蒼穹和祢擺列的月亮星辰，人算什麼，祢竟顧念他！』」

阿姆斯壯總結說：

「這次飛行的責任是歷史賦予的；是科學先驅們賦予的；是美國人民的意志賦予的；是四個部門和他們的委員會賦予的；是製造了神農火箭、哥倫比亞號、老鷹號和艙外活動裝備的公司與產業團隊賦予的。我們感謝建造、設計、實驗了太空船並為之付出努力與發揮才智的所有美國人！今晚，我們特別感激他們。願上帝保佑所有

收聽、收看我們直播的人！這裡是阿波羅 11 號，晚安。」

　　阿波羅 11 號的登月計畫，在當時已經成為全世界注目的焦點，尼克森總統非常擔心太空人安全返回地球的任務失敗，為了提早因應，他堅持要求白宮演講稿撰寫人沙費爾事先為他準備一份太空人遇難的悼詞。幸好！這篇感人肺腑的「登月悼詞」最後沒有派上用場。

　　阿波羅 11 號於 7 月 24 日降落在威克島以東、約翰斯頓環礁以南的太平洋海面，距離回收船「大黃蜂號」24 公里。在降落約一個小時後，太空人們被回收直升機發現。為了避免太空人從月球帶回未知病原體，三位太空人先被帶入拖船上的隔離拖車，進行各項檢疫程序。

　　尼克森總統非常高興，三位太空人順利完成

為時八天三小時又十八分鐘的任務，幫助美國在世人面前圓滿達成人類首次的登月計畫，也完成了甘迺迪總統在 1961 年 5 月 25 日宣告的承諾：美國會在 1970 年之前將人類送上月球，並成功返回。總統還特地登上回收船，歡迎三位太空英雄返回地球，在隔離拖車外與他們開心交談。

太空人們在拖車中隔離一週之後，接著在太空中心的月球物質回收和回歸太空人檢疫實驗所隔離兩週，終於確定太空人們並沒有受到感染，也沒有帶回任何病原體。

1969 年 8 月 13 日，太空人們離開了隔離區，公開接受美國民眾的歡呼。在同一天，紐約、芝加哥和洛杉磯都舉行了盛大的慶祝遊行。

當時阿姆斯壯踏上月球所說的那一句話：「這是一個人的一小步，卻是人類的一大步。」已經傳遍世界，成為家喻戶曉的名言。在慶祝登陸月球成功的記者會上，有一位記者突然問艾德林一個很敏感的問題：

「由阿姆斯壯率先走下登月艙，成為登陸月球的第一個人類，你會不會覺得有點遺憾？」

在全場有點尷尬的氣氛下，艾德林很有風度，也很風趣的回答：

「各位，千萬別忘了，回到地球時，我可是最先走出太空艙的。」他環顧四周後笑著說：「所以我是由別的星球回來，踏上地球的第一個人類。」

在開懷的笑聲中，大家都熱烈的鼓掌，為艾德林喝采。當晚，美國在洛杉磯為阿波羅 11 號成員舉行了國宴，總統尼克森和副總統安格紐向每位太空人頒發了總統自由勳章。

美國為了宣揚他們太空科技的成就，為阿波羅 11 號的成員安排長達四十五天，取名為「一大步」的世界巡迴活動。在巡迴期間，太空人去了二十五個國家，還拜訪了許多著名人物，包括英國女皇伊莉莎白二世。

許多國家為了慶祝人類首次登陸月球，都發

行了紀念郵票或紀念幣。

　　美國的郵政總局也特地為這次圓滿的登月任務發行了紀念郵票。只是阿姆斯壯他們三個人的名字並沒有被印在郵票上面。因為按照慣例，美國郵政總局從來不為還在世的人發行紀念郵票。

　　阿姆斯壯一夕之間成為受人愛戴的太空英雄，世界巡迴活動結束之後，他重返故鄉時，原本只有九千人口的瓦帕科內塔小鎮，竟然湧入了五萬人。許多美國民眾千里迢迢趕過來，為的就是想親眼目睹阿姆斯壯的真面目。

　　1969 年 9 月 16 日，三名太空人在參眾兩院聯席會議上發表演說，他們分別贈送參議院和眾議院一面曾經隨他們登上月球的美國國旗。

　　為了紀念阿波羅 11 號登月成功，執行這一次任務的指令艙「哥倫比亞號」被陳列在華盛頓的國家航空太空博物館，擺放在主展廳正中，供人們參觀。

　　1970 年 5 月，阿姆斯壯代表美國到蘇聯參加第十三屆國際空間研究委員會會議。從波蘭抵達列寧格勒之後，他又前往蘇聯的首都莫斯科，拜訪了蘇聯總理阿列克謝‧柯西金，還到尤里‧加加林太空人訓練中心參觀。

　　蘇聯格外禮遇阿姆斯壯，甚至還破例讓他參觀蘇聯剛問世的超音速客機，使阿姆斯壯成為西方世界第一個見到超音速客機的人。

10

造訪臺灣

從「官方資料」來看，阿姆斯壯等人沒有在月球上和「生命體」相遇，也沒有遇上神祕事件。那麼，除了一堆參訪行程、慶祝活動……，關於這位登月英雄，還有沒有其他更有趣的插曲呢？智豪歪著頭，在堆滿資料的桌上東翻西找，意外發現「阿姆斯壯造訪臺灣」的檔案。咦？登月英雄阿姆斯壯曾來過臺灣？這可是一樁吸睛的話題，當然要好好報導了！

● ☆ ● ☆ ● ☆ ●

阿波羅 11 號升空登月的時候，攜帶了七十三位美國邦交國元首的信函微縮矽板，當時將中正總統的信件也在其中。這一封祈求和平的信函，隨著阿波羅 11 號登月任務的成功，一起留在月球

表面。

　　阿姆斯壯在 1969 年完成登月壯舉後，於同年 12 月 28 日晚間搭乘專機來到臺灣，與好萊塢著名諧星包柏‧霍伯一同前往臺中空軍基地，慰勞駐紮在當地的美軍。

　　當時正逢寒流來襲，但臺灣民眾熱情不減，大批人潮前去接機，燃放爆竹迎接這一位轟動全球的登月英雄。

　　阿姆斯壯一下飛機，大紅鞭炮就震天的響了起來，把他嚇了一大跳。因為美國人根本沒有放鞭炮的習俗。

　　出了機場，馬路兩旁擠滿了歡迎阿姆斯壯的民眾，一串接一串的紅鞭炮從街頭燃放到街尾，更讓他切身感受到臺灣式的熱情。

　　有數不清的臺灣民眾擠在阿姆斯壯下榻的飯店，希望目睹登月英雄的丰采。有機會接觸到他的飯店服務生和民眾，都欣喜萬分的請他簽名。

　　來到臺灣，阿姆斯壯不管去到哪兒，都被大

批民眾包圍。這位登月巨星不僅證實月亮上有嫦娥只是一則神話，也讓同行來臺的電影明星相形失色。

飯店老闆為了迎接阿姆斯壯的到來，挖空心思，做了萬全的準備，希望能讓這一位大人物有賓至如歸的感覺。

「歡迎！歡迎！」老闆用不太標準的英語和阿姆斯壯打招呼：「您的到來使我們萬分榮幸！」

「感謝您為我所做的一切！」阿姆斯壯熱情的與老闆握手，他看了看周圍色彩繽紛的彩球和彩帶，笑著說：

「我只是一個平凡的人物，不必為我安排這麼盛大的場面。」

「您太客氣了！您是我們心目中的大英雄，有什麼需要儘管說，我們一定做到。」

「呵呵！我的需求很簡單，給我一個能洗個澡，睡個覺的房間就行啦！」

和阿姆斯壯接觸以後，飯店老闆才發覺阿姆

斯壯其實很平易近人，絲毫沒有大人物的架子，也不需要那麼大的排場。

「您的飯店有沒有跳舞的地方？我想跳舞。」阿姆斯壯問他。

「真對不起！因為臺灣的民風很保守，飯店都沒有舞廳或舞池的設備。」

飯店老闆因為無法讓這位登月英雄盡情跳舞，感到十分懊惱。

阿姆斯壯笑一笑，安慰老闆：

「沒關係！我可以把跳舞的興致保留，回美國再跳個夠。」

阿姆斯壯返回美國一個月之後，美國副總統安格紐接著來訪，隨行的太空人代表尼克森總統致贈首次登月帶回的月球岩石，與月球上拍攝的照片。蔣中正總統接見訪華團後，命身旁的官員把裝有月球岩石的盒子打開，讓在場的中美人士觀賞。

　　後來總統府將月球岩石交給國立歷史博物館收藏。1970 年 4 月 9 日歷史博物館月球岩石展覽開幕，這一小塊從月球寧靜海帶回地球的岩石，重量雖然不到 30 克，卻是當時中華民國和美國之間友誼的象徵。

11

當一個快樂的平凡人

　　一篇好的人物報導，除了撰述人物的重大事蹟之外，也必須兼顧事件的後續發展，及人物的心理層面，讓報導既生動，又言之有物。身為編輯長的智豪當然不會忽略這一點，況且他向來的報導，面向豐富又有層次，讓閱讀者回味無窮呢。智豪繼續搜索著有關阿姆斯壯各種資料，在筆記本上描述著：「返回地球以後，第一個踏上月球的阿姆斯壯，一夕之間成為舉世皆知的名人，伴隨而來的是種種擺脫不了的榮譽和光環。他不管去到哪兒，都像世界巨星一樣，成為媒體追逐的對象，和群眾目光的焦點。你也許想知道，阿姆斯壯面對外界加諸在他身上的一切榮耀，心裡感受是如何呢？」

● ☆ ● ☆ ● ☆ ●

其實，阿姆斯壯對這一切，漸漸感到疲於應付，也難以承受。

親身參與過這一次重大的歷史事件，成為首次登月的人類之後，周圍的人對待阿姆斯壯的方式突然明顯的改變了，這一點讓他感觸格外深刻。

「一瞬間，朋友和同事們看我的角度變了，對待我的方式也變了，跟幾個月前，甚至幾年前一起工作時的情況形成強烈反差。」

阿姆斯壯曾感慨的對人說：

「對於這種現象，我實在很不能理解！到底要花多少時間，別人才不會再把我當作一名太空英雄看待？」

當別人再問起他關於登月成功的感受時，他語重心長的回答：

「對我來說，最好的狀態莫過於給我一個安心工作的環境，讓我如往常一樣生活。我實在不

願意受盛名所累，那會阻礙我發揮能力，以致影響到我的事業。」

1970 年，阿姆斯壯獲聘為美國太空總署以及國防部高級研究計畫機構的副執行長。

當年阿波羅 13 號前往執行第三次登月計畫，還沒到達月球就發生氧氣罐爆炸損壞太空船的意外，所幸三名太空人與地面指揮中心應變得宜，才能安然返回地球。後來阿姆斯壯接受太空總署委託，負責這次意外事件的調查工作。

阿姆斯壯擔任一年重要的職位之後，這位世人眼中極不平凡的人物居然拋下頭頂的光環，選擇了平淡的人生。

1971 年阿姆斯壯宣布自己從此將不再進入太空，並且離開政府部門，申請進入南加州大學攻讀碩士學位。他後來用自己豐富的飛行經歷，獲得了南加州大學的碩士學位。

　　取得碩士學位之後，阿姆斯壯決定到大學任教。由於他頂著登月英雄的光環，很多所著名的大學都想延攬他來擔任教授，其中還包括他的母校普渡大學。可是他卻選擇了規模較小的辛辛那提大學，在航空工程學院擔任教授。

　　阿姆斯壯的抉擇令許多人錯愕不解，惋惜的對他說：

　　「你擁有那麼傲人的成就，還有世人皆知的高知名度，沒去知名大學任教，豈不是太可惜了嗎？」

　　「我不想因為自己學位不高，卻直接擔任教授而引起同事的反感。」阿姆斯壯十分真誠的回答：「況且，我選擇到辛辛那提大學，是因為那兒有我可以做的事。」

　　雖然阿姆斯壯得到好幾所知名大學的榮譽博士學位，但他並不因為擁有博士頭銜而自我膨脹，依然低調的在辛辛那提大學的航空工程學院擔任教授。

媒體仍然惦記著阿姆斯壯是第一位踏上月球的人，一得到機會就要採訪他。面對過去的成就，阿姆斯壯只是謙遜的表示：

「回顧過往，我們真的非常榮幸能活在那段微小的歷史中。我們改變了人們看自己的方式，改變了未來可能的樣子，以及可能往哪裡去。」

阿姆斯壯總是極力迴避鎂光燈和媒體的追逐採訪，低調的和妻兒過著平靜淡泊的生活。他在辛辛那提大學的同事休斯頓教授這樣形容他：

「阿姆斯壯不願意接受採訪，並不是因為性格怪異。他只是不喜歡成為大家好奇的焦點而已。」

在完成人類有史以來最偉大的夢想之後，阿姆斯壯低調得就如同隱形人一般。由於具備英雄形象和高知名度，他從美國太空總署退休之後，許多知名的跨國企業紛紛邀請他擔任商業產品的代言人，一些政黨也亟欲拉攏他站臺，但都被他一一謝絕了。直到克萊斯勒汽車公司誠懇邀請，

阿姆斯壯才終於同意代言。

阿姆斯壯告訴朋友說：「我願意幫克萊斯勒汽車代言，是因為他們擁有強大的工程部門，很有發展潛能，可惜財務狀況卻不理想。希望藉由我的名聲，能帶動美國汽車工業的發展。」

美國和蘇聯的太空競賽培育出一批優秀的太空人，這些進入太空冒險的菁英，幾乎個個都成為舉世皆知的大人物。但阿姆斯壯卻不同於那些大人物的作風，喜愛巡迴全球到世界各國去演講，或是替跨國企業廣告，賺取高額的代言酬勞。他向來都只願意替美國企業代言，由此可看出他以美國為榮的愛國心。

阿姆斯壯集無數榮耀於一身，但他卻甘於平凡，不願藉著本身的知名度來參與選舉，爭取從政的機會。他很清楚政治絕對不是他發揮長才的

領域，所以選擇謝絕任何政黨的邀請，知足的當一名大學教授，默默的在崗位上工作，做好自己該做的事。

1979 年 1 月，阿姆斯壯因為個人因素辭去了辛辛那提大學教授的職務，隨後便在私人企業擔任發言人，從此淡出公眾舞臺。

阿姆斯壯一心想卸下名人的光環，便在俄亥俄州的一處偏僻鄉下買了一座雜草叢生的農莊，自己動手開墾整理。阿姆斯壯在自己經營的農場種玉米、養牛，開始在這一處私人的小天地裡頭過著半隱居的生活。

雖然阿姆斯壯想在自己的農莊過著寧靜的日子，可是外界對他仍舊念念不忘。不光是企業極力邀請他擔任代言人，就連政黨也不放棄對他的邀請，但他都低調的選擇了迴避。

阿姆斯壯直截了當的說：

「我不想當個供人朝拜的活人紀念碑。世人都推崇我登月的壯舉，但我認為那不過是我的工

作本分，只是個任務罷了！」

　　阿姆斯壯是如此的淡泊名利，難怪會贏得美國太空總署從前的同事一致好評，他們形容說：

　　「阿姆斯壯從不覺得可以到處推銷自己，他是一個謙虛的人，登月前如此，登月後也是如此。」

　　1979 年的秋季，有一天阿姆斯壯在自己的農莊工作，從卡車尾部跳下時，不慎讓結婚戒指卡在車輪上，導致他的左手無名指被硬生生扯斷。幸好他保持一貫的冷靜，忍著劇痛，火速找到那截斷掉的手指加以冷藏，立即趕去醫院，請醫生幫他重新接合手指。

　　幫阿姆斯壯施行接合手術的醫師經驗十分老到，手指順利接回了。當他得知眼前這位名滿天下的登月英雄，是因為在農場勞動而弄斷手指時，內心感到相當錯愕。這位曾經走在人類科技最前端的太空英雄，竟然拋開富貴榮華，改行從事人類最古老的農業生產，不管是誰遇見這樣的

事情，都會覺得不可思議。

　　醫師曉得阿姆斯壯相當注重個人隱私，便忍住好奇心，用慶幸的口吻對他說：

　　「幸虧你臨危不亂，及時做了妥善的處理，才能救回這一根斷掉的無名指！」

　　阿姆斯壯只是真誠的笑一笑，感謝醫師替他治療。

　　其實他從前在執行太空任務，尤其是登陸月球時，更是充滿變數與風險，屢屢出現危及生命的突發情況。當時他總是處變不驚，救回來的可不光是一根無名指，而是自己和同僚的性命。但是，阿姆斯壯從不拿自己的豐功偉業來誇口。

●　☆　●　☆　●　☆　●

　　已經過了下班時間，辦公室空無一人，智豪揉揉因為筆桿握得太久而發痠的右手。然後放下眼鏡，靜靜凝視偌大的辦公室。辦公室每天有很

多人來來去去，我們有些人是為了賺取薪資、養家活口；有些人是為了在編輯生涯中，追求自身的理想，總而言之，都是為了自己的成分居多。阿姆斯壯卻不是這樣，以他的超高名氣，他大可專注於商業活動，名利雙收，過著優渥舒適甚至奢華無比的生活。然而他卻寧願遠離人群，淡泊名利，在農場上揮汗勞動，當一個快樂的農夫，過著簡單的生活，這不是一般大人物會去選擇、也願意去做的事情。

　　他輕輕的拍一下桌子，關上燈，若有所思的離開了辦公室。晚風吹來有點涼意，活絡了這幾天的思緒。他一方面覺得自己很幸運，能有這樣子的機會好好認識阿姆斯壯；另一面，阿姆斯壯的人生，也帶給他很有意義的啟發。短短兩天，阿姆斯壯就像認識已久的老友。日後，當他面對各種挑戰時，相信阿姆斯壯一定會拍拍他的肩膀，對他說：「撐著點！成果就在眼前，讓努力成為真實，不要放棄！」

12

甘於平淡的晚年生活

　　1986 年美國挑戰者號太空梭發射升空後，不久便爆炸墜毀。這樁太空史上的重大事故震驚了世界，也使得美國的太空梭計畫暫時停下腳步。

　　當時的美國總統雷根為了借重阿姆斯壯豐富的飛行經驗和學養，便提名他擔任羅傑斯調查委員會副主席，協助調查挑戰者號失事的原因。

　　阿姆斯壯身為人類探索太空的先驅者，即使遠離人群，心底依舊支持這方面的活動。他受聘擔任羅傑斯調查委員會副主席，也圓滿的達成任務。因為這次調查任務，世人才有機會在螢光幕上目睹睽違已久的登月英雄。

　　除此之外，大致上，自從阿姆斯壯決心當個農夫之後，他幾乎過著隱居的生活，遠離塵囂和

追逐他的媒體。

● ☆ ● ☆ ● ☆ ●

　　正寫到一半，鈴鈴鈴……智豪桌上的電話響起：「喂，編輯長早安！宣傳部想請問你，阿姆斯壯特輯完成了嗎？」

　　「嘿，別急，就快啦，我現在正一頭栽入阿姆斯壯的晚年生活。這位登月英雄，晚年選擇甘於平凡的人生，不過，有句話說：『捨得，有捨才有得』，捨與得之間的選擇，又有誰說得準呢？我盡可能用各種角度，報導阿姆斯壯的晚年生活，希望讓讀者們看看在登月任務結束之後，阿姆斯壯的不同面貌。」智豪掛上電話，繼續在筆記本上又塗又改。

● ☆ ● ☆ ● ☆ ●

　　阿姆斯壯與妻子珍妮特，是在阿姆斯壯海軍預備役期間認識的，兩人隨後展開了交往，深深的相愛。阿姆斯壯於 1955 年畢業，取得學士學位，之後便開始擔任海軍試飛員，在這期間，他

與珍妮特訂婚，一年後，兩人在伊利諾州的威爾米特會眾教堂結婚。

　　婚後，由於阿姆斯壯對工作相當投入，不管是擔任試飛員或太空人，總是抽不出太多時間陪伴妻子。而身為太空人的妻子，珍妮特的一顆心老是隨著阿姆斯壯在無垠的天際七上八下。每當丈夫不在身旁，她除了掛心丈夫的安危，還要獨自教養兩個日漸長大的男孩，有時難免感覺身心俱疲，久而久之便覺得家庭生活缺少了什麼。

　　當阿姆斯壯忙著出任務的時候，珍妮特一個人帶著兩個男孩到公園玩耍，或是上街購物，看見別的男人帶著妻兒，一家和樂融融的景象，總是暗自嘆息。雖然丈夫的工作帶給家庭豐厚的物質生活，但是卻犧牲了陪伴家人的時間。尤其是兩個孩子的成長和教育過程缺少了父親的角色，

最是令她感到失望。

　　阿姆斯壯成為世人敬仰的太空英雄以後，儘管不再執行太空任務，行事作風也很低調，但由於各方邀約不斷，行程變得更加忙碌，經常需要出遠門，反而沒有因為太空任務結束，而有比較多的時間好好的陪伴家人，使得他的妻子珍妮特逐漸厭倦了這樣的日子。

　　1989 年的年底，珍妮特在餐桌上留了一張字條給阿姆斯壯，正式提出離婚的要求。阿姆斯壯去參加商業活動回到家，發現妻子留在桌上的字條之後，雖然既傷心又無奈，但經過慎重考慮，後來還是決定與珍妮特離婚。

　　1991 年阿姆斯壯與朋友在科羅拉多州滑雪時，因為胸口不適，去醫院檢查才知道自己罹患了輕微的心臟病。在患病期間，他與妻子珍妮特分居，並開始委託律師辦理離婚手續。

　　1994 年，阿姆斯壯與共同生活了三十八年的妻子珍妮特正式離婚。他後來回憶從前，非常感

慨的說：

「儘管我內心渴望與家人在一起，但由於工作需要，我必須利用大量時間從事各種飛行任務，以致沒有多餘的時間來陪伴家人。對此，我感到遺憾和抱歉。」

回想起決定與妻子離婚當時的場景，他滿心愧疚的表示：

「我想挽留她，可是在當時那樣的情景中，我能說什麼呢？我們的婚姻，就像一次失敗的飛行，無聲的崩潰了。如果可能，我還是要說，我愛妻子。我很抱歉！我們的婚姻，成為我成功的最大代價。」

1992年，阿姆斯壯在一次高爾夫球賽中，認識了他的第二任妻子卡羅爾・海爾德・奈特，並開始與她交往。1994年他和珍妮特辦妥離婚手續之後，便和奈特結婚。

婚後，六十四歲的阿姆斯壯依然喜歡平靜淡泊的生活，他帶著第二任妻子奈特繼續在農場上

當快樂的農夫，過著與世無爭的日子。

　　阿姆斯壯年紀愈老，愈少在公眾場合公開露面。他對於自己不凡的人生經歷，向來表現得非常低調。

　　有不少人勸阿姆斯壯多出去走走，或是到世界各地散散心，可是倔強的他卻回答：

　　「我連月球都去過了，地球上還有什麼地方能吸引我呢？」

　　他只說了這樣一句話，就讓勸他的人心知肚明：再說什麼也勸不動他了。

　　2000 年 2 月，阿姆斯壯在一次活動中現身，面對媒體的採訪，他這樣形容自己：

　　「我一向是個穿白襪、口袋插著筆的書呆子工程師，雖然我為自己能夠在專業取得成就感到自豪，但我可以誠實的說，我從未想過自己會成功登上月球，這件事對我來說是一個大驚喜。」

2003 年，阿姆斯壯應邀參加俄亥俄州慶祝動力飛行一百週年紀念活動，上臺面對上萬名群眾，但他只發言短短幾秒鐘，也沒提到登陸月球的往日成就，說完就迅速閃入人群，遠離鎂光燈的焦點。

後來，他又受邀和聯邦參議員約翰‧葛倫在飛機發明人萊特兄弟的墓前獻上花圈致敬。

曾經也是太空人的葛倫唯恐在場的群眾不記得阿姆斯壯了，特地向大家介紹阿姆斯壯昔日的豐功偉績。介紹完，他還強調說：

「距離阿姆斯壯登月已經過了三十四年。」

阿姆斯壯聽完，打趣說：

「謝謝你，約翰，三十四年了嗎？」他似乎完全不把昔日的英雄事跡放在心上。

阿姆斯壯從不自詡為登月英雄，也不重視登陸月球帶給他的個人榮耀。他對自己的私生活保密得相當嚴謹，多年來始終避開媒體，非常珍惜自己的名聲和隱私。阿姆斯壯更不允許他人利用

他的名義和個人隱私，來賺取利潤。

　　不過，阿姆斯壯非常鼓勵公益，只要是非營利機關或是政府公共服務的廣告，他都欣然答應。在美國，有超過十所中小學，甚至有航空太空博物館用他的名字來命名，以紀念美國探索太空的成就。

　　直到 2005 年，阿姆斯壯才在公開場合中再度出現，推出個人傳記 *First Man*（暫譯：《第一人：尼爾‧阿姆斯壯的生活》），並接受美國哥倫比亞廣播公司 (CBS)《60 分鐘》節目的採訪。

　　這時的阿姆斯壯已達七十五歲高齡。在訪談的過程當中，他頭一回披露當年登陸月球不曾公開的幕後故事，以及他的個人感受。他始終認為自己不值得受到世人如此推崇與讚譽，同時也對家人和朋友表達了深深的歉意，因為他一夕成名的緣故，使得他們間接成為媒體追逐的焦點，造成種種困擾。

　　CBS 的主持人問阿姆斯壯：

「能不能請您回想一下登月成功那一剎那的心情？」

「我非常高興，非常激動，也很驚訝我們真的做到了！」阿姆斯壯回答。

「能不能請您說一說當時站在月球上的感覺是怎樣？」

「月球上的景象非常壯觀，超越我所有的視覺體驗。」阿姆斯壯回憶說：「那裡很有趣，我很推薦。」

「您的足跡可能留在月球表面長達幾千年，對於這一件事，請問您有沒有什麼感想或是想法？」

阿姆斯壯帶著開玩笑的口吻回答：

「我有點希望某個人能去那裡把它擦掉。」

阿姆斯壯就是這樣的一個人！他雖然擁有許多驚人成就，但卻始終保持低調、謙虛的美德，連英國廣播公司 (BBC) 都給他「最孤寂的美國太空人」的稱號。

13
登月巨星殞落

阿姆斯壯自從幼年嚮往天空開始，從來不曾放棄他對飛行的熱愛。

登月返回地球之後，阿姆斯壯雖然辭去太空總署和太空人的職務，沒有再進入過太空，不過他偶爾還是會駕駛飛機在天空翱翔。

年近八十歲的他曾表達「更願意活在當下」的想法，因此他雖然手腳不如以前那般靈活了，卻還是經常駕駛安全性較高的滑翔機在空中穿梭，滿足自己飛行的渴望。

如今，阿姆斯壯這顆在太空、天際中閃耀的巨星，也在地面上發出亮眼的光芒。美國的好萊塢是全世界著名的電影城，也是電影明星發光發熱的城市。這座城市有一條很特別的人行道——

「星光大道」，上面鑲有兩千多顆好萊塢商會追敬名人姓名的星形獎章，以紀念他們對娛樂工業的貢獻。

　　為了紀念人類首次登上月球，好萊塢破例在星光大道上鑲了一組四顆連環的「環狀星」，表彰阿波羅11號的登月計畫，阿姆斯壯、艾德林和柯林斯三人各擁有一顆星，另外的第四顆星則是獻給整個登月計畫團隊。

　　NASA 在 2006 年 4 月召集了一批老太空人擔任探險大使，以紀念人類首次登陸月球三十五

週年。NASA 將老太空人當年從月球上帶回的岩石切下一小塊，送給這些從前為美國冒險犯難，探索太空的太空英雄。

除了阿波羅計畫的參與者，水星計畫和雙子星計畫的太空人也在受邀之列。每一位獲邀擔任探險大使的太空人，都拿到 2 公克的月球岩石當紀念品。不過，這塊淺灰色的岩石已經被磨成粉，放進透明塑膠瓶裡了。

阿姆斯壯一拿到這份珍貴的紀念品，馬上下了一個重大決定，將它轉贈給美國辛辛那提博物館中心，讓它陳列在博物館當中，永久展出。

2012 年 8 月 7 日，阿姆斯壯因為心臟冠狀動脈阻塞而入院接受心臟搭橋手術。8 月 25 日，阿姆斯壯因手術引起併發症去世，享壽八十二歲。當阿姆斯壯辭世的消息傳出來之後，全世界都同聲為這位登月英雄哀悼，天空中，再也看不到阿姆斯壯駕著飛機，穿梭遨遊的身影了。

呼……一口氣寫到這裡，故事已來到了尾
聲，智豪擱下筆，心裡有點捨不得把報導完成，
畢竟，阿姆斯壯是他寫過最有趣的題材啦。稍稍
撫平情緒，智豪提起筆，希望用最優美的文字，
總結各界對阿姆斯壯的悼念和讚美。

● ☆ ● ☆ ● ☆ ●

阿姆斯壯畢生獲得了許多特殊榮譽，他是美
國航空和航太研究所、國際太空聯合會的名譽研
究員，也是國家工程研究院和摩洛哥王國科學院
的成員。他還曾得過包括總統自由勳章、國會金
質獎章、國會太空榮譽勳章、美國國家太空總署
卓越獎章、哈蒙國際航空獎盃等多項享譽國際的
獎章。

雖然擁有卓越的成就，阿姆斯壯卻始終以一
個平凡的美國公民自居。

美國總統歐巴馬稱讚阿姆斯壯是劃時代偉大
的美國英雄之一，他在聲明中指出：

「阿波羅11號啟程，向世界展現美國精神可

以穿越幾乎無法想像的境地，只要有足夠的動力和創造力，沒有不可能。當阿姆斯壯首次踏上月球表面，他締造永難忘懷的人類成就時刻。」

歐巴馬總統頒布命令，要求美國官方機構在 8 月 31 日阿姆斯壯的葬禮當天降半旗，以表達對阿姆斯壯的哀悼之意，並於 9 月 12 日在華盛頓舉行公開悼念活動。

NASA 的署長勃登追憶阿姆斯壯，也稱讚他說：

「阿姆斯壯不僅是美國最偉大的探險家，他善良而謙卑，更是我們的榜樣。甘迺迪總統挑戰送人類上月球，阿姆斯壯毫無保留的接下這項重任。阿姆斯壯在月球上踏出人類第一步的壯舉，替其他太空人『首次』登陸別的星球鋪路。我們有責任要延續這個美國獨特的傳承。」

阿姆斯壯的葬禮在他的家鄉俄亥俄州瓦帕科內塔舉行。他的家人在哀痛之餘，除了對各界表達感恩之意，還特別強調阿姆斯壯生前選擇隱居

的心境：

「尼爾非常注重隱私，他對於全球民眾和各界的善意總是心懷感激。」

當媒體詢問阿姆斯壯的家人，年輕人該如何向阿姆斯壯學習，阿姆斯壯的家人表示：

「儘管我們哀悼失去一個非常好的人，我們也為他非凡的人生慶祝，並希望為全球年輕人設立典範，使他們辛勤工作，實現夢想，願意探索並擴展極限，超越自我，無私奉獻。」

更多的媒體問到該如何尊崇阿姆斯壯，阿姆斯壯的家人再次強調阿姆斯壯的個性，很感性的回答：

「你若問該怎麼做，來表達對尼爾的尊崇，我們有個簡單的要求。請崇尚他服務、成就和謙遜的典範，下一回當你走出屋外，看見皎潔夜色中對你微笑的月亮時，請想起阿姆

斯壯，並對他眨眨眼。」

●　☆　●　☆　●　☆　●

　　報導完成了，智豪擱下筆，抒了長長一口氣。接著，他一面回顧這幾日閱覽的資料、篇章、筆記，一面把一字一句鍵入電腦排版，以便呈給宣傳部進行後製。

　　不出幾天，特別報導的宣傳海報出來了，廣告詞很讚：「人類暢遊宇宙的夢想，到阿姆斯壯就結束了嗎？阿姆斯壯所嚮往的太空祕境，你是不是也心動了？跟著阿姆斯壯的腳印，踏出腳步，下一個開拓宇宙的追夢者，希望就是你！」智豪滿意的點點頭，沒錯！整個銀河系的冒險之旅，還在等我們去探索呢，快快啟程吧！

後記

　　只要提起「太空人」，大家不免會想起尼爾‧阿姆斯壯，因為他是第一個踏上外星球的人類。

　　自從人類開始發展航太工業，把探索的觸角伸向太空之後，探索外星球的腳步就不曾停止前進。未來可能會有太空人登上火星，甚至更遙遠的星球。到那一天，人們依然會回憶起阿姆斯壯，因為後世的太空人，都是繼承他在月球上那偉大的第一步，勇敢向前邁進。

　　阿姆斯壯不但是 20 世紀的名人，更是一位值得敬佩和效法的偉大探險家。他從小就對飛行產生憧憬，成長的過程更將夢想化作前進的動力，勇敢追夢，逐步去實現理想。他堅毅的態度、機敏的反應和專業的能力，幫助自己登上人生的高峰，也完成了國家賦予他的偉大使命。

　　功成名就以後，阿姆斯壯並沒有利用他顯赫

的名聲，去爭取更高的名利地位，而是避開世人的目光焦點，寄身在一處小角落，默默奉獻自己的專長，從事公益，做自己認為該做的事情。這種淡泊名利的情操，自古以來便是可貴而少見的。

阿姆斯壯最叫人敬仰的，不是他的成功，而是他功成不居的品格。正如美國太空總署的署長勃登給他的讚譽：

「阿姆斯壯不僅是美國最偉大的探險家，他善良而謙卑，更是我們的榜樣。」

我們不管是求學、做人或做事，都可以拿阿姆斯壯的名言來當座右銘──「這是一個人的一小步，卻是人類的一大步。」牢記別人對我們的付出與貢獻，做一個知足感恩，勇於進取的人。

阿姆斯壯　　小檔案

1930 年	8 月 5 日出生於俄亥俄州的瓦帕科內塔。
1932 年	首次觀賞飛行表演。
1936 年	首次搭乘飛機。
1946 年	考取飛行員的執照。
1947 年	從布魯梅高中畢業，進入普渡大學就讀。
1951 年	成為美國海軍飛行員。
1952 年	離開海軍第一線轉服預備役。
1955 年	取得學士學位，擔任海軍試飛員的工作。
1956 年	與珍妮特結婚。
1960 年	從海軍退伍，獲選為波音公司的設計顧問團。
1961 年	獲選為美國太空總署的太空人。
1965 年	擔任雙子星 5 號的候補指令飛行員。
1966 年	擔任雙子星 8 號的指令飛行員及雙子星 11 號的替補指令飛行員。
1967 年	獲選為阿波羅計畫的成員。
1969 年	擔任阿波羅 11 號的指令長，完成人類首次登月

任務。

1970 年　代表美國到蘇聯參加第十三屆國際空間研究委員會會議。

1971 年　離開政府部門，申請進入南加州大學攻讀碩士學位。

1979 年　辭去教授職務，在私人企業擔任發言人，從此淡出公眾舞臺。

1986 年　擔任羅傑斯調查委員會副主席，協助調查挑戰者號太空梭的失事原因。

1994 年　與妻子珍妮特正式離婚，和奈特結婚。

2005 年　推出個人傳記 *First Man*（暫譯：《第一人：尼爾・阿姆斯壯的生活》）。

2012 年　因心臟手術引起併發症，於 8 月 25 日去世，享壽八十二歲。

參 考 資 料

 書籍

- 《偉大的一步：尼爾．阿姆斯壯》／Don Brown 著；朱恩伶譯。

 網頁

- 美國國家航空暨太空總署網站的阿姆斯壯簡介
  http://www.jsc.nasa.gov/Bios/htmlbios/armstrong-na.html
- 美國國家航空暨太空總署 (NASA)——阿姆斯壯紀念專題
  http://www.nasa.gov/topics/people/features/armstrong_obit.html

 部落格

- 【調兵山華商街】世界上第一艘載人登月飛船——阿波羅 11 號登月時間

近代領航人物

生命教育首選讀物

打造下一個領航人物！

養成良好品格，激發無限潛力，打造下一個領航人物！

你可以像自由鬥士 曼德拉 一樣找到自己的理想嗎？

你能像世界知名設計師 可可‧香奈兒 一樣隨時發揮創意嗎

你想成為像搖滾巨星 約翰‧藍儂 一樣的萬人迷嗎？

讀完他們的故事，你也做得到！

◆ 近代人物，引領未來航線
◆ 橫跨領域，視野真正全面
◆ 精采後記，聚焦全書要點
◆ 彩色印刷，吸睛兼顧護眼

全系列共二十冊
陸續出版

在經典故事中成長

——有圖、有料、有意思

唐三藏西天取經、魯智深大鬧桃花村、

諸葛亮草船借箭、牛郎織女鵲橋相見……

過去，我們讀這些故事長大

現在，我們讓這些故事陪孩子一起長大

豐富的文化應該被傳承，傳統的經典需要有新意

小說新賞，讓經典再現——

🍶 導讀簡明，掌握故事緣起

🍶 內容生動，融合古典新意

🍶 插圖精美，呈現具體情境

🍶 經典新編，富含文學性質

全系列共三十冊　敬請期待

一生不可不讀的三十本經典

國家圖書館出版品預行編目資料

阿姆斯壯 / 陳景聰著;小閃繪.－－初版一刷.－－臺北市: 三民, 2014
面; 公分.－－(兒童文學叢書/近代領航人物)

ISBN 978-957-14-5920-2 (平裝)
1.阿姆斯壯(Armstrong, Neil, 1930-2012) 2.傳記
3.通俗作品

781.08   103011171

© 　阿姆斯壯

著 作 人	陳景聰
繪 者	小 閃
主 編	張燕風
企劃編輯	莊婷婷
責任編輯	鄭兆婷
美術設計	黃宥慈
發 行 人	劉振強
著作財產權人	三民書局股份有限公司
發 行 所	三民書局股份有限公司
	地址 臺北市復興北路386號
	電話 (02)25006600
	郵撥帳號 0009998-5
門 市 部	(復北店)臺北市復興北路386號
	(重南店)臺北市重慶南路一段61號
出版日期	初版一刷 2014年7月
編 號	S 782450

行政院新聞局登記證局版臺業字第○二○○號

ISBN　978-957-14-5920-2　　(平裝)

http://www.sanmin.com.tw　三民網路書店
※本書如有缺頁、破損或裝訂錯誤,請寄回本公司更換。